Rezept	Seite	Kalorien/Portion	Gelingt leicht	Preiswert	Klassiker	Raffiniert	Braucht etwas Zeit	Für Gäste	Gut vorzubereiten	Schnell
Lachsaufstrich	32	165	●		[illegible]	[illegible]	[illegible]	[illegible]	[illegible]	[illegible]
Kartoffel-Knoblauch-Paste	36	80	●	●	[illegible]	[illegible]	[illegible]	[illegible]	[illegible]	[illegible]
Zucchiniaufstrich	37	210	●		[illegible]	[illegible]	[illegible]	[illegible]	[illegible]	[illegible]
Vegemite	38	95	●	●	[illegible]	[illegible]	[illegible]	[illegible]	[illegible]	[illegible]
Auberginen-Tomaten-Paste	38	35	●			●	●			
Olivenaufstrich	39	110	●			●		●		
Gurkenmousse	40	110				●	●	●	●	
Bohnen-Eier-Aufstrich	42	90	●			●	●			
Grünkernpaste	43	240	●	●			●			
Auberginenkaviar	44	215	●			●	●	●		
Linsencreme	44	290	●	●			●			
Knoblauchpaste	45	75	●				●		●	
Eier-Tomaten-Aufstrich	46	125	●							●
Rotkrautaufstrich mit Rotwein	47	160	●			●	●	●		
Bohnenpaste	48	290	●	●		●	●			
Avocadoaufstrich	48	140	●			●				●
Erdäpfelkas	50	205	●	●	●					
Pilzaufstrich	51	80	●			●				●
Möhrenbutter	54	210	●						●	●
Powidl mit Rum	54	400			●		●		●	
Johannisbeeraufstrich	54	115	●					●	●	
Preiselbeerbutter	56	240	●						●	●
Kürbiskernaufstrich	56	265	●			●			●	●
Dattelcreme	57	290	●			●			●	●
Erdbeerbutter	57	140	●						●	●
Apfelbutter	58	615	●		●		●		●	
Lemon Curd	58	185	●		●	●	●		●	
Kastanienaufstrich	60	165	●			●	●			
Aprikosenpaste	61	180	●			●			●	

-Wegweiser

Köstliches aus Käse

Käse ist besonders reich an Eiweiß, Mineralstoffen und Vitaminen und läßt sich vielfältig zubereiten.
Für selbstgemachte Brotaufstriche eignen sich Frischkäsearten wie Quark oder Doppelrahm-Frischkäse besonders gut, weil sie sich mit anderen Zutaten aufgrund ihres neutralen Geschmacks hervorragend vertragen und weil sie besonders streichfähig sind.

Quark & Co

Quark ist ein wahrer Verwandlungskünstler. Weil er so neutral im Geschmack ist, kann man ihn mit einer Vielzahl pikanter oder süßer Zutaten vermengen. Quarkaufstriche sollten Sie nach Möglichkeit frisch zubereiten. Wenn Sie den fertigen Aufstrich dennoch für kurze Zeit – zugedeckt im Kühlschrank – aufbewahren möchten, rühren Sie ihn vor dem Servieren noch einmal kräftig durch, damit er wieder schön glatt wird. Ob Sie Magerquark, Sahnequark oder eine dazwischen liegende Fettstufe bevorzugen, ist eine Frage Ihres persönlichen Geschmacks und Kalorienzettels. Die Rezepte dieses Buches wurden mit 20 %igem Quark hergestellt. Wenn Sie Magerquark bevorzugen, sollten Sie ihn mit etwas Wasser oder Milch cremig rühren.

Quark ist ein wahrer Verwandlungskünstler: Im Nu entstehen daraus feine Aufstriche für jeden Geschmack.

Köstliche, schnelle Quarkaufstriche

Verrühren Sie für 4 Portionen jeweils 250 g Quark mit folgenden Zutaten:

- 2 hartgekochten Eigelben und 1 EL Currypulver.
- 1 kleinen feingehackten Zwiebel und 1 Prise Salz.
- 1 säuerlichen feingeraspelten Apfel.
- 3 EL Leinöl, 1 TL gemahlenem Kümmel und 1 Prise Salz.
- 2 feingehackten Gewürzgurken, Pfeffer und Salz.
- 50 g Tomatenwürfeln, 1 EL frischem gehacktem Basilikum.
- 50 g zerdrücktem Blauschimmelkäse und 2 EL Sahne.

Das Fett im Käse

Der Fettgehalt wird nicht in absoluten Zahlen, sondern als Fett in der Trokkenmasse (i. Tr.) angegeben. Da sich der Wassergehalt des Käses während der Reifung ständig vermindert, kann sich der Fettgehalt auf das Gewicht bezogen ändern. Die Trockenmasse bleibt immer unverändert. Viele Hersteller geben aber neben dem gesetzlich vorgeschriebenen Fett i. Tr. auch den ungefähren absoluten Fettgehalt pro 100 g an.

Das paßt dazu

Bei den meisten Aufstrichen habe ich Brotsorten vorgeschlagen, die besonders gut dazu passen. Versuchen Sie aber ruhig auch andere.
In der Alltagsküche verwenden Sie am besten herzhafte Vollkornbrote, die vitamin- und mineralstoffreich sind und für längere Zeit sättigen.
In den letzten Jahren wurden auch bei uns französische und italienische Brotsorten wie etwa Baguette oder Ciabatta immer beliebter. Bedenken Sie aber, daß gerade Brote mit kräftigem Eigengeschmack wie die beliebten Zwiebel-, Speck- oder Nußbrote nicht mit allen Aufstrichen harmonieren.
Dunkle Brotsorten wie Roggen- oder Vollkornbrot passen zu kräftigen Fleischaufstrichen.
Pumpernickel wird am liebsten mit Käseaufstrichen kombiniert.
Weißbrot, Brötchen und Weizenmischbrot schmekken gut zu Eier-, Geflügel- und milden Käseaufstrichen. Außer Brotscheiben können Sie auch Kräcker oder Scheiben von Baguette als Unterlage verwenden.

Tips rund ums Brot

Frisches, noch warmes Brot sollten Sie sofort auswickeln und auskühlen lassen. Danach aber wieder einpacken, damit die Kruste knusprig bleibt.
Frisches Brot läßt sich mit einem erwärmten Messer etwas leichter schneiden.
Weiches Knäckebrot wird wieder knusprig, wenn sie es in den heißen Backofen legen, beispielsweise nachdem Sie einen Kuchen gebacken haben.
Toastbrot bleibt länger frisch, wenn Sie die angebrochene Packung im Kühlschrank aufbewahren.

Versuchen Sie ruhig einmal verschiedene Brotsorten zu Ihren Lieblingsaufstrichen.

Liptauer

- Gelingt leicht
- Klassiker

Für diesen Aufstrich, es ist einer der bekanntesten und beliebtesten Brotaufstriche, gibt es zahlreiche Rezepte, von denen manche bis zu 30 Zutaten enthalten.

Für 4 Portionen:

250 g Brimsen
50 g weiche Butter
1 TL scharfer Senf
1 Zwiebel
1 TL Kapern
1 Sardellenfilet
1 EL Paprika, edelsüß
1/2 TL gemahlener Kümmel
Salz
1 Bund Schnittlauch

Zubereitungszeit: 15 Min.

Pro Portion ca.: 900 kJ/210 kcal
8 g EW/18 g F/4 g KH

1 Den Brimsen durch ein Sieb streichen und mit der Butter und dem Senf verrühren.

2 Die Zwiebel schälen, fein hacken und unterrühren. Die Kapern ebenfalls fein hacken. Das Sardellenfilet abspülen, fein zerkleinern und mit den Kapern hinzufügen.

3 Den Aufstrich mit Paprika, Kümmel und wenig Salz würzen.

4 Den Schnittlauch waschen, in feine Röllchen schneiden und darüber streuen.
Zu frischem Vollkornbrot servieren.

VARIANTEN

Brimsen (brynźda, brinza) ist ein Schafkäse, der vor allem in Ungarn, Rumänien und Tschechien beliebt ist. Bei uns ist er nur im Sommer erhältlich. Wenn Sie keinen Brimsen bekommen können, ersetzen Sie ihn einfach durch Sahnequark oder einen anderen Schafkäse. Statt Sardellenfilets können Sie Sardellenpaste nehmen. Versuchen Sie auch folgende Varianten:
2 große grüne Paprikaschoten waschen, die Deckel mit den Stielansätzen wegschneiden. Die Schoten von Kernen und weißen Rippen befreien. Die Schoten mit dem Liptauer füllen und 1 Std. in den Kühlschrank stellen. Danach mit einem scharfen Messer in dünne Scheiben schneiden und auf Tellern anrichten.
Den Brimsen mit Butter und Zwiebel verrühren, mit Salz abschmecken und in drei Teile teilen. Einen Teil mit 1 EL Kümmel, einen mit 1 EL edelsüßem Paprika und den dritten mit 2 EL feingehackter Petersilie würzen. Das schmeckt gut und sieht hübsch aus.

Obatzter

- Gelingt leicht
- Klassiker

Für 4 Portionen:

250 g sehr reifer Camembert
50 g weiche Butter
2 EL helles Bier
1 kleine Zwiebel
1 TL Paprika, edelsüß
1 Msp. gemahlener Kümmel
Pfeffer · Salz
1 Bund Schnittlauch

Zubereitungszeit: 15 Min.

Pro Portion ca.: 1125 kJ/270 kcal
11 g EW/24 g F/2 g KH

1 Den Camembert eventuell von der Rinde befreien und mit einer Gabel zerdrücken. Butter und Bier unterrühren.

2 Die Zwiebel schälen, fein hacken und hinzufügen. Den Käse mit Paprika, Kümmel, Pfeffer und wenig Salz würzen.

3 Den Aufstrich auf einem Teller kuppelförmig anrichten. Den Schnittlauch waschen, in feine Röllchen schneiden und darüber streuen.
Mit frischem Bauernbrot oder knusprigen Laugenbrezeln servieren.

VARIANTE

Anstelle von Camembert schmeckt der Aufstrich auch mit reifem Romadur oder Limburger Käse ausgezeichnet. Lassen Sie dann das Bier weg.

Körözött

- Gelingt leicht
- Schnell

Die ungarische Spezialität schmeckt natürlich auch mit gleichfarbigen Paprikaschoten.

Für 4 Portionen:

150 g Quark
1 EL saure Sahne
1 EL Paprika, edelsüß
je 1 kleine grüne, rote und gelbe Paprikaschote
1 kleine Zwiebel
1 TL Zitronensaft
Salz · Pfeffer

Zubereitungszeit: 15 Min.

Pro Portion ca.: 260 kJ/60 kcal
5 g EW/2 g F/5 g KH

1 Den Quark mit der Sahne glattrühren. Das Paprikapulver unterrühren.

2 Die Paprikaschoten halbieren, putzen, waschen, in feine Würfel schneiden und unterrühren. Die Zwiebel schälen, fein hacken und hinzufügen.

3 Den Aufstrich mit Zitronensaft, Salz und Pfeffer würzen. Er paßt gut zu dunklem Vollkornbrot.

Im Bild oben: Liptauer
Im Bild Mitte: Körözött
Im Bild unten: Obatzter

Gurkenaufstrich

- Gelingt leicht
- Preiswert

Für 4 Portionen:

1 kleine Salatgurke
Salz
150 g Quark
2 EL saure Sahne
1 Knoblauchzehe
1 EL Meerrettich, frisch gerieben (oder aus dem Glas)
Pfeffer
1/2 Bund Dill

Zubereitungszeit: 15 Min.
Ruhezeit: 30 Min.

Pro Portion ca.: 250 kJ/60 kcal
5 g EW/2 g F/5 g KH

1 Die Gurke schälen und halbieren. Die Gurkenkerne samt wässerigem Fruchtfleisch mit einem Löffel herausschaben und wegwerfen. Gurke in sehr kleine Würfel schneiden, salzen und 30 Min. ruhen lassen. Danach den ausgetretenen Saft weggießen.

2 Den Quark mit der Sahne glattrühren. Den Knoblauch schälen und durch die Presse dazudrücken. Den Meerrettich unterrühren und mit Salz und Pfeffer abschmecken.

3 Den Dill waschen, fein hacken und über den Aufstrich streuen.
Paßt gut zu Schwarzbrot.

TIPS!

Legen Sie frischen Meerrettich 1 Std. ungeschält in Milch, das mildert die Schärfe.
Geriebener Meerrettich bleibt schön weiß, wenn Sie ihn mit etwas Zitronensaft beträufeln.

Radieschenquark

● Preiswert
● Schnell

Für 4 Portionen:

1 Bund Radieschen
1 Bund Schnittlauch
250 g Quark
2 EL Crème fraîche
Salz · Pfeffer

Zubereitungszeit: 10 Min.

Pro Portion ca.: 385 kJ/90 kcal
7 g EW/6 g F/3 g KH

1 Die Radieschen putzen, gründlich waschen und fein hacken. Den Schnittlauch waschen und in feine Röllchen schneiden.

2 Den Quark mit der Crème fraîche glattrühren. Radieschen und Schnittlauch untermengen.

3 Den Aufstrich mit Salz und Pfeffer würzen. Dieser Aufstrich paßt besonders gut zu Vollkorn- oder Knäckebrot.

VARIANTE

Statt Radieschen können Sie auch 150 g geschälten, fein geraspelten weißen Rettich nehmen.

TIPS!

Den Aufstrich sofort servieren, da die Radieschen sonst zuviel Flüssigkeit abgeben. Radieschen bleiben übrigens länger frisch, wenn man sie mit dem grünen Kraut nach unten in ein Gefäß mit Wasser stellt. Frische dunkelgrüne Radieschenblätter können Sie gegart für Suppen und Kräutersaucen verwenden.

Sacherkäse

- Gelingt leicht
- Klassiker

Dieses Rezept stammt angeblich von Eduard Sacher, dem Gründer des weltberühmten Wiener Hotels.

Für 4 Portionen:

3 Eier
1 kleine grüne rote **Paprikaschote**
2 Sardellenfilets (aus Dose oder Glas)
1 kleine Gewürzgurke
1 kleine Zwiebel
50 g weiche Butter
1 TL Senf
150 g Quark
1 EL gehackte Petersilie
Salz · Pfeffer
1 EL Paprika, edelsüß

Zubereitungszeit: 25 Min.

Pro Portion ca.: 815 kJ/195 kcal
9 g EW/16 g F/4 g KH

1 Die Eier in 10 Min. hart kochen, danach kalt abschrecken. 2 Eier schälen und fein hacken.

2 Solange die Eier kochen, die Paprika halbieren, putzen, waschen und fein hacken. Die Sardellenfilets kalt abspülen und kleinschneiden. Die Gewürzgurke fein hacken. Die Zwiebel schälen und fein hacken.

3 Die Butter mit Senf und Quark verrühren. Paprikaschote, Sardellen, Gurke, Zwiebel, Eier und Petersilie unterrühren. Den Aufstrich mit Salz und Pfeffer abschmecken.

4 Den Sacherkäse auf einem Teller anrichten. Das übrige Ei schälen und in Scheiben schneiden. Auf dem Sacherkäse anrichten und mit Paprika bestäuben. Sacherkäse paßt besonders gut zu kräftigem Bauern- oder Vollkornbrot.

TIP!

Falls Sie Sardellen nicht mögen, können Sie sie durch 1 EL feingehackte Kapern ersetzen oder ganz weglassen. Die Paprikaschote wird bekömmlicher, wenn Sie sie in Ringe schneiden, 2 Min. in kochendem Wasser überbrühen, kalt abschrecken und dann erst fein hacken.

Quargelaufstrich

- Preiswert
- Schnell

Quargel ist ein Sauermilchkäse, eine Spezialität aus Böhmen. Er wird in kleinen runden Laibchen zu etwa 25 g angeboten.

Für 4 Portionen:

250 g sehr reife Olmützer Quargel (ersatzweise Harzer Käse)
50 g weiche Butter
2 EL saure Sahne
3 EL helles Bier
1 kleine Zwiebel
1 Bund Schnittlauch
1 TL Paprika, edelsüß
Salz
Kümmel

Zubereitungszeit: 10 Min.

Pro Portion ca.: 785 kJ/190 kcal
19 g EW/11 g F/2 g KH

1 Die Quargel mit einer Gabel zerdrücken. Butter, Sahne und Bier unterrühren.

2 Die Zwiebel schälen und fein hacken. Den Schnittlauch waschen und in feine Röllchen schneiden. Einige zum Garnieren beiseite stellen. Zwiebel und restlichen Schnittlauch unter die Käsemasse rühren.

3 Den Aufstrich mit Paprika, Salz und Kümmel abschmecken und mit den Schnittlauchröllchen bestreuen.
Dazu Vollkornbrot servieren.

TIP!

Sollte der Käse einmal nicht reif genug sein, können Sie ihn im Mixer mit 2-4 EL saurer Sahne pürieren.

Im Bild oben: Quargelaufstrich
Im Bild unten: Sacherkäse

Parmesancreme

- Raffiniert
- Schnell

Für 4 Portionen:

150 g Parmesan
150 g weiche Butter
2 EL Weißwein
Salz · Pfeffer
1 Kästchen Kresse

Zubereitungszeit: 15 Min.

Pro Portion ca.: 1815 kJ/435 kcal
15 g EW/41 g F/0 g KH

1 Den Parmesan sehr fein reiben. Butter und Wein unterrühren. Mit Salz und Pfeffer abschmecken.

2 Die Kresse mit einer Schere vom Beet in ein großes Sieb schneiden, waschen, fein hacken und unterrühren oder über die Parmesancreme streuen.

3 Den Aufstrich auf frischem Baguette oder Nußbrot servieren.

VARIANTE

Statt Parmesan können Sie auch preiswertere Hartkäsesorten wie Emmentaler oder Bergkäse nehmen.

TIPS!

Zu weicher Käse läßt sich leichter reiben, wenn Sie ihn ganz kurz ins Gefrierfach legen.
Kresse können Sie leicht selbst anbauen. Eine flache Schale mit nasser Watte auslegen und den Kressesamen daraufstreuen. In einen warmen Raum stellen, gut feucht halten, und schon bald können Sie Ihre Kresse ernten.

Kräutertopfen

● Preiswert
● Schnell

Topfen ist die österreichische Bezeichnung für Quark.

Für 4 Portionen:

1 kleine Zwiebel
50 g frische Kräuter (z. B. Schnittlauch, Petersilie, Kerbel, Estragon)
250 g Topfen (Quark)
2 EL saure Sahne
Salz · Pfeffer

Zubereitungszeit: 10 Min.

Pro Portion ca.: 315 kJ/75 kcal
7 g EW/4 g F/4 g KH

1 Die Zwiebel schälen und fein hacken. Die Kräuter waschen, gegebenenfalls von den groben Stielen befreien. Einige Blättchen zum Garnieren beiseite stellen, die restlichen fein hacken.

2 Den Topfen mit der Sahne glattrühren. Die Kräuter untermengen.

3 Den Aufstrich mit Salz und Pfeffer abschmecken und am besten mit Vollkornbrot servieren.

VARIANTE

Im Frühjahr können Sie für den Aufstrich auch selbstgesammelte Wildkräuter wie Brennesseln oder Löwenzahn verwenden.

TIP!

Damit Kräuter länger frisch bleiben: Ein Stück Küchenrolle mit Wasser befeuchten, Kräuter darin locker einwickeln und im Gemüsefach des Kühlschranks aufbewahren.

Möhrencreme

- Preiswert
- Schnell

Für 4 Portionen:

- **200 g Möhren**
- **1 Bund Schnittlauch**
- **150 g Quark**
- **1 EL saure Sahne**
- **1 TL Zitronensaft**
- **Salz · Pfeffer**

Zubereitungszeit: 15 Min.

Pro Portion ca.: 220 kJ/55 kcal
5 g EW/2 g F/4 g KH

1 Die Möhren waschen, dünn schälen und fein raspeln. Schnittlauch waschen und in feine Röllchen schneiden.

2 Den Quark mit Sahne und Zitronensaft cremig rühren. Möhren und Schnittlauch unterrühren.

3 Die Möhrencreme mit Salz und Pfeffer abschmecken und auf Vollkornbrot servieren.

VARIANTEN

Statt mit Möhren schmeckt der Aufstrich auch mit Sellerie oder säuerlichen Äpfeln oder einer Mischung aus beiden sehr gut. Dann noch 2 EL fein gehackte Nüsse (z. B. Walnüsse) unterrühren.

Rettichquark

- Preiswert
- Schnell

Für 4 Portionen:

- **150 g Quark**
- **2 EL Sonnenblumenöl**
- **1 mittelgroßer schwarzer Rettich (etwa 150 g)**
- **1 kleine Zwiebel**
- **Salz**

Zubereitungszeit: 10 Min.

Pro Portion ca.: 340 kJ/80 kcal
4 g EW/6 g F/3 g KH

1 Den Quark mit dem Sonnenblumenöl glattrühren.

2 Den Rettich schälen, waschen, auf einer Rohkostreibe grob raspeln und hinzufügen. Die Zwiebel schälen, fein hacken und unterrühren.

3 Den Rettichquark mit Salz abschmecken und mit dunklem Vollkornbrot servieren.

TIP!

Dieser Aufstrich schmeckt milder, wenn Sie den Rettich ungeschält etwa 1 Std. in Milch einlegen oder den fertigen Rettichquark etwa 1 Std. im Kühlschrank durchziehen lassen.

Kürbiskernöl-aufstrich

- Gelingt leicht
- Schnell

Kürbiskernöl ist eine Spezialität aus der Steiermark mit kräftigem Nußaroma und charakteristischer dunkelgrüner Farbe.

Für 4 Portionen:

250 g Quark
4 EL Kürbiskernöl
1 Knoblauchzehe
Salz · Pfeffer
1 Bund Schnittlauch

Zubereitungszeit: 10 Min.

Pro Portion ca.: 580 kJ/140 kcal
7 g EW/11 g F/3 g KH

1 Den Quark mit dem Kürbiskernöl verrühren. Den Knoblauch schälen und durch die Presse dazudrücken. Den Aufstrich mit Salz und Pfeffer pikant abschmecken.

2 Den Schnittlauch waschen, in feine Röllchen schneiden und über den Quark streuen. Paßt besonders gut zu Vollkornbrot, aber auch zu Pellkartoffeln.

VARIANTE

Wenn Sie kein Kürbiskernöl bekommen, können Sie es durch das ähnlich aromatische Walnußöl ersetzen.

Basilikum-creme

- Für Gäste
- Schnell

Für 4 Portionen:

200 g Doppelrahm-Frischkäse
1 EL saure Sahne
1 Bund frisches Basilikum
150 g schwarze Oliven
1 Knoblauchzehe
Salz · Pfeffer

Zubereitungszeit: 10 Min.

Pro Portion ca.: 780 kJ/190 kcal
3 g EW/17 g F/7 g KH

1 Den Frischkäse mit der sauren Sahne verrühren.

2 Das Basilikum kurz waschen, von den Stielen befreien, fein hacken und bis auf 1 EL unterrühren. Die Oliven entsteinen, einige in Scheiben schneiden und zum Garnieren beiseite stellen. Die restlichen fein hacken und unter den Frischkäse rühren. Den Knoblauch schälen und durch die Presse dazudrücken.

3 Die Basilikumcreme mit Salz und Pfeffer abschmecken und zu frischem Baguette servieren. Mit Olivenscheiben und Basilikum garnieren.

VARIANTE

Sollten Sie kein frisches Basilikum zur Verfügung haben, können Sie großblättrige Petersilie verwenden und den Aufstrich mit 1 Prise gemahlener Muskatnuß würzen. Getrocknetes Basilikum eignet sich nicht.

Bärlauchaufstrich

- Preiswert
- Raffiniert

Bärlauch (Waldknoblauch) gibt es nur selten zu kaufen. Die Blätter kann man zwischen März und Mai in feuchten Laubwäldern selbst sammeln. Sie sehen zwar den giftigen Maiglöckchenblättern ähnlich, riechen aber ganz deutlich nach Knoblauch. Die Zwiebeln der Pflanze kann man im Herbst ausgraben und anstelle von Knoblauch verwenden.

Für 4 Portionen:

- **50 g Bärlauch**
- **250 g Quark**
- **2 EL saure Sahne**
- **Salz**
- **1 TL gemahlener Kümmel**

Zubereitungszeit: 10 Min.

Pro Portion ca.: 300 kJ/70 kcal
7 g EW/4 g F/3 g KH

1 Den Bärlauch waschen und kleinschneiden.

2 Den Quark mit der Sahne glattrühren. Den Bärlauch unterrühren.

3 Den Aufstrich mit Salz und Kümmel würzen und auf Schwarzbrot servieren.

VARIANTE

Statt Bärlauch können Sie auch junge Brennesselblätter nehmen.
Dafür die Blätter kurz blanchieren, dann ausdrücken und fein hacken.
Anstelle des Kümmels mit etwas Pfeffer würzen.

Gorgonzolacreme

- Raffiniert
- Schnell

Für 4 Portionen:

100 g Gorgonzola
125 g Doppelrahm-Frischkäse
2 EL Sahne
1 Bund Petersilie
Salz · Pfeffer

Zubereitungszeit: 10 Min.

Pro Portion ca.: 800 kJ/190 kcal
7 g EW/18 g F/2 g KH

1 Den Gorgonzola mit einer Gabel möglichst fein zerdrücken oder durch ein Sieb streichen.

2 Den Frischkäse und die Sahne mit dem Gorgonzola verrühren. Die Petersilie waschen, fein hacken und bis auf 1 EL hinzufügen.

3 Den Aufstrich mit Salz und Pfeffer abschmecken und am besten auf Baguette servieren. Mit der restlichen Petersilie bestreuen.

VARIANTE

Anstelle von Gorgonzola können Sie auch andere Blauschimmelkäsesorten wie beispielsweise Roquefort oder Bavariablu verwenden. Versuchen Sie statt Doppelrahm-Frischkäse einmal Mascarpone.
Wenn Sie Kalorien sparen möchten, können Sie den Doppelrahm-Frischkäse durch mageren Frischkäse oder Quark ersetzen.

TIP!

Die Gorgonzolacreme eignet sich ganz hervorragend zum Füllen von ausgehöhlten Tomaten, Champignons, Oliven oder hartgekochten Eierhälften.

Fleisch, Fisch & Co

Fleisch ist einer der wichtigsten Eiweißlieferanten. Es enthält zahlreiche Vitamine und Mineralstoffe, aber nur wenig Kohlenhydrate. Gerade aus preiswerteren Fleischstücken wie Schweinebauch oder – den oft zu Unrecht verschmähten – Innereien lassen sich köstliche Aufstriche herstellen. Auch Fisch spielt durch seinen Anteil an hochwertigem, leicht verdaulichem Eiweiß und wegen seines extrem niedrigen Fettgehaltes eine immer wichtigere Rolle in unserer Ernährung.

Wenn viele zum Feiern kommen

Mit einem preiswerten und originellen Aufstrichbuffet können Sie alle Ihre Freunde auf einmal bewirten, ohne daß Sie sich dabei finanziell ruinieren. Besonders für ein Gartenfest oder ein Picknick sind Aufstriche ideal. Kinder lieben Aufstrichbrote, weil man sie mit den Fingern essen darf. Für solch ein zwangloses Buffet benötigen Sie eigentlich nicht viel Geschirr. Wenn Sie aber doch nicht genügend Teller haben, können Sie sicher von Freunden oder Nachbarn welche ausleihen. Auf Papp- und Plastikgeschirr sollten Sie der Umwelt zuliebe möglichst verzichten. Und Getränke schmecken aus Gläsern ohnehin viel besser als aus Pappbechern. Oft gibt es preiswerte Angebote für Gläser in den Kaufhäusern.

Ein Aufstrich-Buffet ist schnell vorbereitet. Stellen Sie auch Teller, Gläser und Besteck bereit.

Ein Aufstrich-Buffet

Es ist nicht nötig, daß Sie viele verschiedene Aufstriche für eine größere Anzahl an Gästen zubereiten. Wählen Sie 5–6 Aufstriche aus und bereiten Sie eine entsprechende Menge zu (die Rezepte für die Aufstriche lassen sich leicht vervielfachen).
Ein dekorativer Brotkorb könnte den Mittelpunkt des Buffets bilden.
Kaufen Sie möglichst viele verschiedene Brot- und Brötchensorten. Was nicht gegessen wird, können Sie einfrieren. Sorgen Sie dafür, daß genug Messer zum Schneiden und Streichen sowie Servietten vorhanden sind. Schilder mit dem Namen der Aufstriche und ihren geschmacklichen Eigenschaften (zum Beispiel »sehr scharf«) erleichtern Ihren Gästen die Qual der Wahl. Einige Anregungen für eßbare Dekorationen finden Sie auf Seite 52.
In jedem Fall passen Tomaten, Gurken, Früchte und Blattsalate dazu.

Beschriften Sie die einzelnen Aufstriche oder stecken Sie bunte Fähnchen hinein, das sieht hübsch aus und hilft Ihren Gästen bei der Auswahl.

Reste vom Feste

Aus Resten entstehen oft die allerbesten Brotaufstriche. Da sich nahezu alles Eßbare zu Aufstrichen verarbeiten läßt, sind der Phantasie keine Grenzen gesetzt. Mit Resten kochen bringt Abwechslung auf den Speisezettel und hilft sparen. Oft lohnt es sich beispielsweise, gleich mehr Kartoffeln, Hülsenfrüchte oder Gemüse zu kochen. Sie können im Kühlschrank bis zu 2 Tagen aufbewahrt werden und eignen sich als Basis für viele raffinierte Aufstriche.
Reste von gekochtem Fisch, Braten oder Hühnerfleisch lassen sich mit etwas Phantasie zu pikanten Cremes verarbeiten. Die Reste müssen aber sorgfältig aufeinander abgestimmt und mit frischen Zutaten gemischt werden.
Kompottreste zum Beispiel können Sie in einem Sieb gut abtropfen lassen, dann pürieren und durch ein Sieb passieren. Das ergibt einen fruchtigen und preiswerten Aufstrich.
Übriggebliebene ungesüßte geschlagene Sahne läßt sich mit Kräutern, Knoblauch und etwas Salz zu einem pikanten Aufstrich verarbeiten.
Wichtig ist, daß die verwendeten Reste von höchster Qualität sind. Schließlich bestehen die schmackhaftesten Aufstriche aus wertvollen eiweißreichen, also leicht verderblichen Lebensmitteln wie Fisch, Fleisch, Käse oder Eiern.
Im Kühlschrank länger vorrätige Lebensmittel können überlagert sein. Überprüfen Sie daher stets vor dem Verwenden, ob beispielsweise Senf, Meerrettich oder Sardellenpaste noch gut und geschmacksintensiv sind, auch wenn das Ablaufdatum noch in weiter Ferne ist.

Kaviarpaste

- Raffiniert
- Schnell

Meeräschenrogen bekommen Sie im griechischen Spezialgeschäft. Aber mit Lachskaviar schmeckt die Paste genauso gut.

Für 4 Portionen:

100 g Weißbrot ohne Rinde
100 g Meeräschenrogen oder Lachskaviar
4 EL Olivenöl
2 EL Zitronensaft

Zubereitungszeit: 10 Min.

Pro Portion ca.: 665 kJ/160 kcal
5 g EW/10 g F/12 g KH

1 Das Weißbrot in wenig lauwarmem Wasser kurz einweichen und danach gut ausdrücken.

2 Das Brot mit dem Kaviar im Mixer oder mit dem Pürierstab kurz pürieren, bis alle Kaviarkügelchen zerkleinert sind.

3 Nach und nach das Öl und den Zitronensaft unterrühren, bis eine cremige Paste entstanden ist.

4 Den Aufstrich gut gekühlt servieren. Er schmeckt besonders gut zu Toastbrot.

Hühnerlebercreme

- Klassiker
- Für Gäste

Für 4 Portionen:

250 g Hühnerlebern
1 kleine Zwiebel
1 kleine Stange Sellerie
2 EL Olivenöl
3 EL trockener Weißwein
2 Sardellenfilets (aus Dose oder Glas)
1 EL Kapern
4 EL Fleischbrühe
Salz · Pfeffer

Zubereitungszeit: 40 Min.

Pro Portion ca.: 830 kJ/200 kcal
15 g EW/14 g F/3 g KH

1 Die Hühnerlebern kalt waschen, von Häuten und Sehnen befreien und in sehr kleine Stücke schneiden.

2 Die Zwiebel schälen und fein hacken. Den Sellerie putzen, waschen und ebenfalls fein hacken.

3 Das Olivenöl erhitzen, Zwiebel und Sellerie darin bei mittlerer Hitze kurz anbraten.

4 Die Lebern hinzufügen und bei mittlerer Hitze unter ständigem Rühren in 3 Min. durchbraten.

5 Den Wein dazugießen und alles unter Rühren 5 Min. kochen lassen, bis die Flüssigkeit verdampft ist.

6 Die Sardellenfilets unter kaltem Wasser abspülen. Kapern und Sardellenfilets fein hacken und hinzufügen.

7 Die Fleischbrühe dazugießen und die Lebermasse bei schwacher Hitze noch 10 Min. köcheln lassen, bis eine streichfähige Paste entstanden ist.

8 Die Hühnerlebercreme mit Salz und Pfeffer abschmecken und entweder warm oder ausgekühlt servieren. Sie paßt besonders gut zu Stangenweißbrot oder Toastbrot.

VARIANTEN

Sie können die Hühnerlebern ganz oder zur Hälfte durch Kalbs- oder Rindermilz ersetzen. Die Milz waschen, aufschneiden, wenden und das Innere auf einem Brett mit einem scharfen Messer aus der Haut schaben.
Wie die Leber verarbeiten.
Sehr gut schmeckt der Aufstrich auch, wenn Sie die Hälfte der Hühnerleber durch 350 g frische Steinpilze oder Champignons ersetzen.

TIP!

In der Toskana serviert man den pikanten Aufstrich auf gerösteten Weißbrotscheiben: Dafür ein Stangenweißbrot in Scheiben schneiden.
4 EL Olivenöl in einer Pfanne erhitzen. Die Brotscheiben darin knusprig goldbraun rösten. Das Brot mit der Hühnerlebercreme bestreichen und die Crostini noch warm servieren.

Im Bild oben: Kaviarpaste
Im Bild unten: Hühnerlebercreme

Zungenaufstrich

- Raffiniert
- Gut vorzubereiten

Für 4 Portionen:

2 Eier
200 g gekochte geräucherte Rinderzunge ohne Haut
1 kleine Gewürzgurke
2 EL saure Sahne
1 TL Senf
Salz
1 Bund Schnittlauch

Zubereitungszeit: 20 Min.

Pro Portion ca.: 550 kJ/130 kcal
10 g EW/10 g F/1 g KH

1 Die Eier in 10 Min. hart kochen. Dann kalt abschrecken, schälen und fein hacken.

2 Während die Eier garen, die Zunge und die Gurke sehr fein hacken. Eier, Zunge und Gurke in eine Schüssel geben.

3 Die Sahne mit dem Senf verrühren, über die Zutaten in der Schüssel geben, alles locker vermengen und salzen. Schnittlauch waschen, in feine Röllchen schneiden und bis auf 1 EL hinzufügen. Restlichen Schnittlauch darüber streuen. Dieser Aufstrich schmeckt besonders gut zu geröstetem Toastbrot.

VARIANTEN

Anstelle der Zunge können Sie auch gut gekochtes Hühnerfleisch, geräuchertes Makrelenfilet, geräucherte Putenbrust oder Lachsschinken verwenden.

Verhackerts

- Gelingt leicht
- Gut vorzubereiten

Diese steirisch-kärntnerische Spezialität schmeckt nicht nur als deftiger Brotaustrich, sondern kann auch erhitzt über Kraut- oder Kartoffelsalat gegossen werden.

TIP!

Der Fleischwolf läßt sich leichter reinigen, wenn Sie nach dem Speck noch etwas trockenes Brot durchdrehen.

Für 4 Portionen:

- **250 g durchwachsener Räucherspeck**
- **1 Knoblauchzehe**
- **1 TL getrockneter Majoran**
- **Pfeffer**
- **Zwiebelringe und Gewürzgurken zum Garnieren**

Zubereitungszeit: 10 Min.

Pro Portion ca.: 1260 kJ/300 kcal
16 g EW/26 g F/1 g KH

1 Den Speck von der Schwarte befreien, durch die grobe Scheibe des Fleischwolfes drehen oder sehr fein hacken.

2 Den Knoblauch schälen und durch die Presse dazudrücken.

3 Den Aufstrich mit Majoran und frisch gemahlenem Pfeffer kräftig würzen. Mit Zwiebelringen und Gewürzgurken garnieren. Dieser Aufstrich paßt besonders gut zu deftigem Bauernbrot.

Knoblauchschmalz

- Gelingt leicht
- Preiswert

Für 4 Portionen:

250 g durchwachsener Räucherspeck
3 Knoblauchzehen
1 Bund Petersilie

Zubereitungszeit: 30 Min.

Pro Portion ca.:1285 kJ/305 kcal
16 g EW/26 g F/2 g KH

1 Den Speck von Schwarte und etwaigen Knorpeln befreien, in Streifen schneiden und in einer Pfanne ohne Fettzugabe glasig braten. Die Speckstreifen herausnehmen und abkühlen lassen. Das ausgelassene Speckfett beiseite stellen.

2 Die Knoblauchzehen schälen. Die Petersilie waschen und von den Stielen zupfen.

3 Den Speck mit dem Knoblauch und der Petersilie durch die grobe Scheibe des Fleischwolfes drehen oder fein hacken.

4 Die Speckmasse mit dem noch lauwarmen Speckfett verrühren und auskühlen lassen.
Paßt hervorragend zu gerösteten Weißbrotscheiben.

Rillettes

- Klassiker
- Braucht etwas Zeit

Der köstliche Aufstrich eignet sich – hübsch verpackt – auch als originelles Geschenk.

Für 4 Gläser à ca. 300 ml:

1 kg mageres Schweinefleisch ohne Knochen und Schwarten
Salz · Pfeffer
1/2 TL gemahlene Nelken
1/2 TL gemahlener Ingwer
1 Msp. geriebene Muskatnuß
1 Zweig frischer Thymian
1 Lorbeerblatt
2 Knoblauchzehen

Zubereitungszeit: 5 1/2 Std.

Pro Glas ca.: 1800 kJ/270 kcal
18 g EW/2 g F/0 g KH

1 Das Fleisch kalt abspülen und in kleine Würfel schneiden. Die Fleischwürfel mit Salz, 1 1/2 TL Pfeffer, Nelken, Ingwer und Muskatnuß würzen und kurz durchkneten.

2 Etwa 2 l Wasser in einem großen Topf erhitzen. Das Fleisch mit dem Thymian und dem Lorbeerblatt hineingeben. Den Knoblauch schälen und durch die Presse dazudrücken.

3 Die Fleischmasse bei schwacher Hitze offen 5 Std. köcheln lassen. Dabei häufig kräftig umrühren, damit das Fleisch faserig zerfällt.

4 Wenn das Fleisch goldbraun geworden ist, den Topf vom Herd nehmen. Thymian und Lorbeer entfernen.

5 Den Aufstrich etwas abkühlen lassen, dann in kleine Tontöpfchen oder Einmachgläser füllen. Rillettes sind zugedeckt im Kühlschrank einige Tage haltbar.

VARIANTEN

Sehr gut schmecken Rillettes auch, wenn Sie das Schweinefleisch durch Gänse-, Enten- oder Kaninchenfleisch ersetzen. Das magere Kaninchenfleisch muß man mit fettem Schweinefleisch mischen, damit der Aufstrich gelingt. Die Zubereitung bleibt gleich.

TIP!

Der Aufstrich hält sich länger, wenn Sie ihn nach dem Erkalten mit Schmalz versiegeln. Dazu eine kleine Menge Schmalz erhitzen und über den Aufstrich gießen. Diese Schmalzschicht vor dem Servieren entfernen.

Schinken-aufstrich

- Gelingt leicht
- Schnell

Für 4 Portionen:

3 Eier
150 g magerer gekochter Schinken
3 EL saure Sahne
1 Bund Schnittlauch
Salz · Pfeffer

Zubereitungszeit: 15 Min.

Pro Portion ca.: 600 kJ/140 kcal
13 g EW/10 g F/1 g KH

1 Die Eier in 10 Min. hart kochen, danach kalt abschrecken, schälen und fein hacken.

2 Den Schinken fein hacken und hinzufügen. Die Sahne unterrühren. Den Schnittlauch waschen, in feine Röllchen schneiden und untermengen.

3 Den Aufstrich mit Salz und Pfeffer abschmecken und zu Vollkornbrot servieren.

Im Bild oben: Knoblauch-schmalz
Im Bild Mitte: Rillettes
Im Bild unten: Schinken-aufstrich

Heringshäckerle

- Gelingt leicht
- Raffiniert

Matjes sind die schmackhaften jungen Heringe, die im Frühjahr erhältlich sind.

Für 4 Portionen:

50 g durchwachsener Räucherspeck
2 Matjesfilets
1 säuerlicher Apfel
1 kleine Zwiebel
1 hartgekochtes Ei
1 kleine Gewürzgurke
4 EL saure Sahne
1 Bund Petersilie

Zubereitungszeit : 20 Min.

Pro Portion ca.: 965 kJ/230 kcal
12 g EW/17 g F/7 g KH

1 Den Speck von der Schwarte und den Knorpeln befreien. Die Matjesfilets und den Speck durch den Fleischwolf drehen oder sehr fein hacken.

2 Den Apfel schälen und fein raspeln, dabei vom Kerngehäuse befreien. Zwiebel und Ei schälen und fein hacken. Die Gewürzgurke ebenfalls fein hacken.

3 Alle zerkleinerten Zutaten gut vermengen und die Sahne unterrühren. Die Petersilie waschen, fein hacken und unterrühren.

4 Dieser Aufstrich schmeckt am besten mit frischem Schwarzbrot.

TIP!

Wenn Sie den Aufstrich milder möchten, legen Sie die Matjesfilets vor dem Zerkleinern 30 Min. in Milch.

Thunfischaufstrich

- Gelingt leicht
- Raffiniert

Für 4 Portionen:

2 Eier
1 Dose Thunfisch in Öl (200 g)
2 EL saure Sahne
1/2 kleine Zwiebel
1 EL Kapern
Salz · Pfeffer
1 Bund Schnittlauch

Zubereitungszeit: 20 Min.

Pro Portion ca.: 800 kJ/190 kcal
16 g EW/14 g F/1 g KH

1 Die Eier in 10 Min. hart kochen, danach kalt abschrecken, schälen und fein hacken.

2 Den Thunfisch fein zerpflücken und mit den Eiern mischen. Die saure Sahne unterrühren.

3 Die Zwiebel schälen, fein hacken und hinzufügen. Die Kapern ebenfalls fein hacken und unterrühren. Den Aufstrich mit Salz und Pfeffer abschmecken.

4 Den Schnittlauch waschen, in feine Röllchen schneiden und unterrühren oder darüber streuen.
Den Aufstrich mit frischem Weißbrot servieren. Er ist auch als Belag für Tramezzini (das sind italienische Sandwiches) hervorragend geeignet.

TIP!

Das Zerkleinern der Eier geht besonders schnell, wenn man sie mit einem Eierschneider erst längs, dann quer durchschneidet.

Sasaka

● Braucht etwas Zeit
● Gut vorzubereiten

Für 8 Portionen:

600 g frischer Schweinebauch
1 TL gemahlener Kümmel
Pfeffer · Salz
2 Knoblauchzehen
2 EL Schweineschmalz
1 TL Paprika, edelsüß

Zubereitungszeit: 2 Std.

Pro Portion ca.: 965 kJ/230 kcal
13 g EW/20 g F/0 g KH

1 Das Schweinefleisch kalt abspülen und trockentupfen. Den Kümmel, etwa 1/4 TL Pfeffer und etwas Salz in einem Schälchen mischen. Knoblauch schälen und durch die Presse dazudrücken. Das Fleisch mit dieser Gewürzmischung ringsum kräftig einreiben.

2 Den Backofen auf 220° vorheizen.

3 Das Schmalz in einem Bräter auf dem Herd erhitzen. Das Fleisch darin bei starker Hitze von allen Seiten kurz anbraten.

4 Den Schweinebauch im Backofen (Mitte, Umluft 200°) in 1 Std. fertigbraten, dabei gelegentlich mit dem entstehenden Saft bestreichen. Danach abkühlen lassen.

5 Die Schwarte entfernen und das Fleisch erst in Scheiben, dann in Streifen schneiden, dabei die Knorpel entfernen. Den Bratensaft beiseite stellen.

6 Das Fleisch durch die grobe Scheibe des Fleischwolfes drehen oder sehr fein hacken.

7 Den Bratensaft unterrühren. Den Aufstrich mit Salz und Pfeffer würzen und mit Paprika bestäubt servieren. Er paßt gut zu Roggenbrot.

TIP!

Kühl aufbewahrt ist Sasaka bis zu 2 Wochen haltbar.

Markcreme

● Raffiniert
● Braucht etwas Zeit

Für 4 Portionen:

4 große Rindermarkknochen
1 kleine Zwiebel
2 Knoblauchzehen
2 EL Pflanzenöl
1 Prise Cayennepfeffer
Salz
1 Bund Petersilie

Zubereitungszeit: 50 Min.

Pro Portion ca.: 1300 kJ/310 kcal
41 g EW/14 g F/4 g KH

1 Die Markknochen 30 Min. in eiskaltes Wasser legen. Danach das Rindermark aus den Knochen drücken und mit kaltem Wasser abspülen, dabei eventuell vorhandene Knochensplitter sorgfältig entfernen. Das Mark mit einer Gabel zerdrücken oder kleinschneiden.

2 Die Zwiebel und die Knoblauchzehen schälen und fein hacken. Das Öl in einer Pfanne erhitzen, Zwiebel und Knoblauch darin glasig braten. Das Mark hinzufügen und bei mittlerer Hitze unter häufigem Rühren durchbraten lassen.

3 Die Masse mit Cayennepfeffer und Salz würzen. Die Petersilie waschen, fein hacken und darüber streuen. Den Aufstrich entweder warm oder ausgekühlt mit Weißbrot oder Fladenbrot servieren.

TIP!

Je kälter das Wasser ist, desto leichter läßt sich das Mark aus den Knochen drücken. Am besten geben Sie einige Eiswürfel ins Wasser.

Im Bild oben: Sasaka
Im Bild unten: Markcreme

Makrelenaufstrich

- Für Gäste
- Schnell

Für 4 Portionen:

200 g geräucherte Makrelenfilets
80 g weiche Butter
1 EL Zitronensaft
1 Bund Petersilie
Salz · Pfeffer

Zubereitungszeit: 10 Min.

Pro Portion ca.: 1105 kJ/265 kcal 11 g EW/24 g F/1 g KH

1 Die Makrelenfilets enthäuten, von eventuell vorhandenen Gräten mit einer Pinzette befreien und fein zerpflücken.

2 Die Butter und den Zitronensaft unterrühren. Die Petersilie waschen, fein hacken und hinzufügen.

3 Den Aufstrich mit Salz und Pfeffer abschmecken. Er paßt besonders gut zu Toastbrot.

VARIANTE

Auch mit anderen geräucherten Fischfilets wie beispielsweise Forellen schmeckt der Aufstrich ausgezeichnet.

Heilbutt-Tatar

- Raffiniert
- Für Gäste

Für 4 Portionen:

250 g frischer Heilbutt in Scheiben
2 Gewürzgurken
1 EL Kapern
1 EL grüne Pfefferkörner (aus dem Glas)
2 Sardellenfilets
1 Prise Cayennepfeffer
Salz · Pfeffer
1 Bund Petersilie

Zubereitungszeit: 15 Min.

Pro Portion ca.: 230 kJ/55 kcal
1 g EW/1 g F/1 g KH

1 Den Fisch waschen, von allen Gräten befreien und sehr fein hacken.

2 Gewürzgurken, Kapern, Pfefferkörner und Sardellenfilets ebenfalls fein hacken und unter das Fischfleisch mischen.

3 Das Tatar mit Cayennepfeffer, Salz und Pfeffer abschmecken. Die Petersilie waschen, fein hacken und darüber streuen. Den Aufstrich mit frisch getoastetem Weißbrot servieren.

VARIANTEN

Statt Heilbutt können Sie auch Seewolf-, Matjes- oder Forellenfilets verwenden. Bedenken Sie jedoch, daß sich nur frische oder eventuell geräucherte Fische eignen, keinesfalls tiefgekühlte.

Leberaufstrich

- Gelingt leicht
- Für Gäste

Für 4 Portionen:

250 g Kalbs- oder Schweineleber
1 kleine Zwiebel
50 g durchwachsener Räucherspeck
Pfeffer
1 TL getrockneter Majoran
2 EL Rotwein
50 g weiche Butter
Salz

Zubereitungszeit: 40 Min.

**Pro Portion ca.: 1040 kJ/250 kcal
15 g EW/19 g F/1 g KH**

1 Die Leber kalt abspülen, von den Häuten und harten Sehnen befreien und in dünne Scheiben schneiden. Die Zwiebel schälen und fein hacken.

2 Den Speck von der Schwarte und etwaigen Knorpeln befreien, in kleine Würfel schneiden und in einer Pfanne bei mittlerer Hitze auslassen. Die Zwiebel hinzufügen und glasig dünsten. Die Leber mit Pfeffer und Majoran würzen und unter ständigem Rühren 5 Min. mitbraten. Danach mit dem Rotwein ablöschen. Die Pfanne von der Kochstelle ziehen, den Inhalt etwas abkühlen lassen.

3 Die Lebermasse mit der Butter im Mixer fein pürieren. Den Aufstrich mit Salz und Pfeffer abschmecken und zu Toast- oder Roggenbrot servieren.

VARIANTE

Statt Leber können Sie auch Kalbs- oder Rindermilz nehmen. Die Milz waschen, aufschneiden, wenden und das Innere auf einem Brett mit einem scharfen Messer aus der Haut schaben. Wie die Leber weiterverarbeiten.

TIP!

Leber läßt sich leichter häuten, wenn man sie vorher 1 Min. in heißes Wasser taucht.

Lachsaufstrich

- Raffiniert
- Für Gäste

Dieser schnelle Aufstrich schmeckt wunderbar als Vorspeise zu einem festlichen Menü.
Darf der Geschmack etwas kräftiger sein, mischen Sie noch Schnittlauchröllchen, gehackte Petersilie und eine sehr fein gewürfelte Schalotte unter die Creme.

Für 4 Portionen:

200 g Räucherlachs
2 EL saure Sahne
1 TL Zitronensaft
Salz · Pfeffer
1 Bund Dill

Zubereitungszeit: 10 Min.

**Pro Portion ca.: 680 kJ/165 kcal
15 g EW/10 g F/3 g KH**

1 Den Lachs fein hacken. Die saure Sahne unterrühren. Mit Zitronensaft, Salz und Pfeffer würzen.

2 Den Dill waschen, fein hacken und darüber streuen.

3 Den Aufstrich mit Roggenbrot oder Knäckebrot servieren.

VARIANTEN

Statt Räucherlachs können Sie auch frischen Lachs nehmen. Den Lachs vor dem Zerkleinern unbedingt nach eventuell vorhandenen Gräten absuchen und diese mit einer Pinzette entfernen. Frischer Lachs benötigt kräftigere Würze.
Auch mit Krabben anstelle von Lachs schmeckt der Aufstrich ganz hervorragend.

**Im Bild oben: Leberaufstrich
Im Bild unten: Lachsaufstrich**

Raffiniertes ohne Fleisch

Köstliche Aufstriche können ohne großen Aufwand und mit wenigen Arbeitsmitteln auch in der allerkleinsten Küche hergestellt werden. Eine kleine Grundausstattung an Geräten ist jedoch hilfreich.

Nützliche Küchenhelfer

Ihr wichtigstes Arbeitsgerät ist ein Satz unterschiedlich großer Messer. Achten Sie darauf, daß die Messer immer scharf sind. Stumpfe Messer erfordern viel mehr Kraftaufwand.
Ein guter elektrischer Mixer nimmt Ihnen das langwierige Zerkleinern und Pürieren der Zutaten ab. Auch ein Porzellanmörser leistet gute Dienste, denn in ihm kann man verschiedene Zutaten sehr gut miteinander mischen. Und im Mörser zerriebene Gewürze entfalten ihr Aroma besonders intensiv.
Ein elektrisches Rührgerät ist ein zeitsparender Helfer für alle Aufstriche, die cremig gerührt werden sollen, oft genügt aber auch ein Schneebesen.
Eine Knoblauchpresse erspart Ihnen das Würfeln und Zerdrücken der Knoblauchzehen. Der feine Brei, der beim Durchpressen entsteht, verteilt sich in jedem Aufstrich ausgezeichnet.

Im Mörser zerrieben entfalten Gewürze ihr feines Aroma am besten.

Aufstriche aufbewahren

Zum Aufbewahren von Aufstrichen eignen sich am besten Gläser mit Twist-off-Verschlüssen. Am einfachsten ist es, wenn Sie leere Gläser mit Schraubverschluß in verschiedenen Größen von gekauften Konfitüren, Honig, Babynahrung oder ähnlichem sammeln. Die Gläser dann vor dem Füllen in kochendem Wasser sterilisieren, herausnehmen und auf einem sauberen Tuch mit der Öffnung nach unten abtropfen lassen.

Alles in Butter

Butter ist eine ideale Grundlage für verschiedene Brotaufstriche. Sie sollte immer ganz frisch sein und Zimmertemperatur haben, damit sie sich gut verarbeiten läßt. Harte Butter wird schnell streichfähig, wenn Sie eine Schüssel mit heißem Wasser ausspülen und über die Butter stülpen. Raffiniert gewürzte Buttermischungen eignen sich nicht nur als Brotaufstriche, sondern auch zum Verfeinern von Grillgerichten, Suppen und Saucen sowie als Beilage zu Pellkartoffeln. Aromatisierte Butter ist rasch zubereitet und kann auf Vorrat hergestellt werden. Am besten formen Sie die Butter zur Rolle und umwickeln sie fest mit Alufolie. So hält sie sich im Kühlschrank etwa 1 Woche. Einfrieren können Sie die Buttermischungen in weichen Eiswürfelbereitern aus Kunststoff. Tiefgekühlt ist sie etwa 3 Monate haltbar.
Für 4 Portionen jeweils 125 g weiche Butter mit folgenden Zutaten verrühren:

- 50 g fein geriebenen Mandeln oder Pistazien und 1 Prise Salz.
- 50 g fein gehackten Sardellenfilets oder 2 EL Sardellenpaste.
- 2 EL fein gehacktem Dill, einigen Tropfen Zitronensaft und 1 Prise Salz.
- 50 g fein geriebenem Parmesan oder anderem Hartkäse.
- 2 EL fein gehackten Kräutern, 1 TL Zitronensaft und 1 Prise Salz.
- 2 EL fein gehackten Kapern und 1 TL Zitronensaft.
- 50 g fein gehackten schwarzen Oliven und 1 TL Oregano.
- 2 EL fein gehackten grünen Pfefferkörnern und etwas abgeriebener Zitronenschale.
- 1/2 Bund fein gehackten Radieschen und 1 EL Schnittlauch.
- 1/2 Kästchen gehackter Kresse und 1 TL Zitronensaft.
- 1/2 Bund frischem fein gehacktem Basilikum, 2 EL feingehackten gerösteten Pinienkernen, etwas Pfeffer und Salz.
- 60 g fein zerpflücktem Räucherlachs, 1 TL feingehacktem Dill und 1 Prise Pfeffer.
- 50 g geschälten fein gehackten Krabben, 1 EL gehackter Petersilie, 1 TL Zitronensaft und etwas Salz.
- 50 g Kaviar oder Kaviarersatz, 1 TL Zitronensaft, 1 Prise Pfeffer.
- 50 g frischen fein gehackten Champignons, 1 EL fein gehackter Petersilie, etwas Pfeffer und Salz.

Servieren Sie Butter in verschiedenen Formen. Model dafür erhalten Sie im Haushaltwarengeschäft.

Kartoffel-Knoblauch-Paste

- Gelingt leicht
- Preiswert

Für 4 Portionen:

250 g festkochende Kartoffeln
2 Knoblauchzehen
2 EL Olivenöl
1 EL Zitronensaft
Salz
1 Bund Schnittlauch

Zubereitungszeit: 45 Min.

Pro Portion ca.: 340 kJ/80 kcal
1 g EW/4 g F/9 g KH

1 Die Kartoffeln waschen und mit der Schale in wenig Wasser zugedeckt 25 Min. garen. Die Kartoffeln abgießen, kalt abschrecken und möglichst heiß schälen. Dann durch die Kartoffelpresse oder ein Sieb in eine Schüssel drücken.

2 Den Knoblauch schälen und durch die Knoblauchpresse dazudrücken.

3 Olivenöl und Zitronensaft unterrühren. Die Paste mit Salz pikant abschmecken.

4 Den Schnittlauch waschen, in feine Röllchen schneiden und unterrühren.
Den Aufstrich mit frischem Weißbrot servieren.

VARIANTE

Wenn Sie Knoblauch nicht so gerne mögen, können Sie ihn durch 2 EL feingehackte Walnüsse oder Mandeln ersetzen.

TIP!

Wenn Sie keine Knoblauchpresse zur Verfügung haben, können Sie den Knoblauch auch in Würfel schneiden und – vermischt mit etwas Salz – mit einem Messer zerdrücken.

Zucchiniaufstrich

- Raffiniert
- Braucht etwas Zeit

Für 4 Portionen:

3 Eier
300 g junge Zucchini
Salz
1 kleine Zwiebel
2 Knoblauchzehen
2 EL Pflanzenöl
2 EL Crème fraîche
Pfeffer
1 Bund Petersilie

Zubereitungszeit: 45 Min.

Pro Portion ca.: 880 kJ/210 kcal 6 g EW/18 g F/5 g KH

1 Die Eier in 10 Min. hart kochen. Die Zucchini waschen, putzen, fein raspeln, leicht salzen und 5 Min. ruhen lassen. Danach portionsweise in einem sauberen Tuch leicht ausdrücken. Die Eier kalt abschrecken.

2 Die Zwiebel und den Knoblauch schälen und fein hacken. Das Öl erhitzen, Zwiebel und Knoblauch darin glasig dünsten. Die Zucchini hinzufügen und bei mittlerer Hitze unter häufigem Rühren dünsten, bis die entstandene Flüssigkeit verdampft ist. Das dauert etwa 15 Min.

3 Die Zucchinimasse auskühlen lassen. Die Eier schälen. 2 Eier fein hacken, mit der Crème fraîche unter die kalte Zucchinimasse rühren. Mit Salz und Pfeffer würzen.

4 Das übrige Ei in Scheiben schneiden. Den Aufstrich damit garnieren. Die Petersilie waschen, fein hacken und darüber streuen.
Den Aufstrich am besten mit Vollkornbrot servieren.

TIP!

Die Schale von jungen Zucchini kann man mitessen. Größere Früchte müssen geschält und sehr große auch entkernt werden.

Vegemite

- Preiswert
- Gut vorzubereiten

Dieser Aufstrich aus England ist viel besser als sein Ruf. Wichtig ist, daß Sie ihn nur ganz dünn auf gebuttertes Brot streichen.
Hefe enthält neben wichtigen Mineralstoffen eine Reihe an B-Vitaminen, vor allem Vitamin B_6.

Für 4 Portionen:

1 kleine Zwiebel
2 EL Butter
2 EL Semmelbrösel
60 g frische Hefe
1/4 l Milch
1/2 TL getrockneter Majoran
1 EL gehackte Petersilie
Salz

Zubereitungszeit: 30 Min.

Pro Portion ca.: 390 kJ/95 kcal
4 g EW/5 g F/6 g KH

1 Die Zwiebel schälen und fein hacken. Die Butter in einer großen Pfanne erhitzen, die Zwiebel darin glasig braten.

2 Semmelbrösel und Hefe hinzufügen und unter Rühren kurz weiterbraten, bis die Hefe zu bräunen beginnt. Die Milch angießen, alles einmal aufkochen lassen, danach die Mischung vom Herd nehmen.

3 Majoran zwischen den Fingern zerreiben, in die Hefemischung geben. Den Aufstrich mit Petersilie und Salz würzen und unter häufigem Umrühren auskühlen lassen.

Auberginen-Tomaten-Paste

- Raffiniert
- Braucht etwas Zeit

Für 4 Portionen:

2 Auberginen (etwa 400 g)
1 EL Zitronensaft
2 vollreife Tomaten (etwa 300 g)
1 kleine Zwiebel
1 Knoblauchzehe
1 Prise Cayennepfeffer
Salz · Pfeffer
1 Bund Petersilie

Zubereitungszeit: 1 1/2 Std.

Pro Portion ca.: 140 kJ/35 kcal
2 g EW/1 g F/5 g KH

1 Den Backofen auf 220° vorheizen. Die Auberginen auf einem Rost im Backofen (Mitte, Umluft 200°) 40 Min. rösten, bis die Schalen ausgetrocknet sind und feine Risse zeigen.

2 Die gerösteten Auberginen in ein feuchtes Tuch einschlagen und 5 Min. ruhen lassen. Danach die Haut mit einem scharfen Messer abziehen und die Stielansätze entfernen.

3 Die Auberginen in Würfel schneiden und mit dem Zitronensaft beträufeln. Die Tomaten schälen, von den Stielansätzen befreien und in Würfel schneiden. Zwiebel und Knoblauch schälen und grob zerkleinern.

4 Auberginen, Tomaten, Zwiebel und Knoblauch portionsweise im Mixer fein pürieren. Den Aufstrich mit Cayennepfeffer, Salz und Pfeffer würzen.

5 Die Petersilie waschen. Die Blättchen abzupfen, fein hacken und über den Aufstrich streuen. Die Auberginen-Tomaten-Paste paßt gut zu Vollkornbrot.

VARIANTE

Die Auberginen können Sie durch 4 große rote Paprikaschoten (etwa 600 g) ersetzen.

TIPS!

Braune, losgelöste Kerne der Auberginen entfernen. Kleine, helle Kerne können Sie mitverwenden.
Schneller geht es in der Mikrowelle: Die Auberginen würfeln und mit 2 EL Öl offen bei 600 Watt in 8 Min. weich dünsten. Dabei zweimal umrühren. Im Backofen werden sie aber aromatischer.

Oliven-aufstrich

- Gelingt leicht
- Raffiniert

Für 4 Portionen:

350 g schwarze Oliven
1 TL Kapern
1 Bund Petersilie
2 EL Olivenöl
1 Knoblauchzehe
Salz · Pfeffer

Zubereitungszeit: 20 Min.

**Pro Portion ca.: 465 kJ/110 kcal
0 g EW/11 g F/5 g KH**

1 Die Oliven mit einem Kirschenentsteiner entsteinen und fein hacken. Die Kapern fein hacken. Die Petersilie waschen. Die Blättchen abzupfen und fein hacken.

2 Oliven, Kapern und Petersilie mit dem Öl verrühren. Den Knoblauch schälen und durch die Presse dazudrücken.

3 Den Aufstrich mit Salz und Pfeffer abschmecken und auf frischem Baguette servieren.

**Im Bild oben: Vegemite
Im Bild Mitte: Auberginen-Tomaten-Paste
Im Bild unten: Oliven-aufstrich**

Gurkenmousse

- Braucht etwas Zeit
- Gut vorzubereiten

Für 4 Portionen:

1 Salatgurke (etwa 500 g)
Salz
3 Blatt weiße Gelatine
1 Bund Petersilie
1/2 Bund Dill
100 g Sahne
1 EL Zitronensaft
1 Prise Puderzucker
Pfeffer
4 EL Gemüsebrühe
1 TL geschmacksneutrales Öl

Zubereitungszeit: 30 Min.
Kühlzeit: 5–6 Std.

Pro Portion ca.: 460 kJ/110 kcal
2 g EW/10 g F/5 g KH

1 Die Gurke schälen, fein raspeln, leicht salzen und 10 Min. ruhen lassen. Die Gelatine in kaltem Wasser 5 Min. einweichen.

2 Petersilie und Dill waschen. Die Blättchen abzupfen und fein hakken. Die Sahne halbsteif schlagen.

3 Die Gurkenraspel in einem sauberen Tuch gut ausdrücken, in eine Schüssel geben und mit Zitronensaft, Zucker, etwas Salz und reichlich Pfeffer würzen. Die gehackten Kräuter unterrühren.

4 Die Gemüsebrühe erhitzen, die Gelatine darin auflösen und danach unter die Gurkenmasse ziehen.

5 Wenn die Masse zu gelieren beginnt, die geschlagene Sahne unterheben.

6 Eine passende Form mit Öl ausstreichen. Die Gurkenmasse hineinfüllen, glattstreichen, mit Frischhaltefolie bedecken und mindestens 5 Std. in den Kühlschrank stellen.

7 Die Gurkenmousse stürzen und zu Schwarz- oder Vollkornbrot servieren. Sie ist im Kühlschrank bis zu 3 Tagen haltbar.

VARIANTEN

200 g Thunfisch (in Öl) mit 1 EL Crème fraîche pürieren. Das Thunfischpüree mit 1 EL Zitronensaft, einigen Tropfen Worcestersauce, 1 Prise Cayennepfeffer und etwas Salz würzen und wie beschrieben weiterverarbeiten. Die Thunfischmousse paßt gut zu Weißbrot und ist im Kühlschrank bis zu 2 Tagen haltbar.
Statt Thunfisch können Sie auch Lachskaviar nehmen.

TIPS!

Agar-Agar ist die vegetarische Alternative zu Gelatine. Agar-Agar wird aus Meeresalgen hergestellt, ist im Reformhaus oder Naturkostladen erhältlich und muß einige Zeit gekocht werden, damit es seine Gelierkraft entwickelt. Sie benötigen 1 TL Agar-Agar für die Gurkenmousse.
Die Mousse läßt sich am besten stürzen, wenn man sie mit einem Messer vom Rand löst und die Form kurz in heißes Wasser stellt.

Bohnen-Eier-Aufstrich

- Gelingt leicht
- Braucht etwas Zeit

Für 4 Portionen:

250 g grüne Bohnen
Salz
1 Zweig frisches Bohnenkraut
3 Eier
1 mittelgroße Zwiebel
Pfeffer
1 TL Paprika, edelsüß

Zubereitungszeit: 1 Std.

Pro Portion ca.: 380 kJ/90 kcal
7 g EW/5 g F/5 g KH

1 Die Bohnen putzen, waschen und einmal auseinanderbrechen. Wasser mit Salz und Bohnenkraut zum Kochen bringen. Die Bohnen darin in 30 Min. weich kochen.

2 Inzwischen die Eier in 10 Min. hart kochen. Die Zwiebel schälen und fein hacken. Die Eier kalt abschrecken, schälen und fein hacken. Die Bohnen abgießen, dabei vom Bohnenkraut befreien und auskühlen lassen.

3 Die Bohnen fein hacken, mit den Eiern und der Zwiebel vermengen.

4 Den Aufstrich mit Salz und Pfeffer abschmecken und mit dem Paprika bestäubt zu Vollkornbrot servieren.

TIPP!

Die Bohnen behalten ihre schöne grüne Farbe, wenn man zum Kochwasser 1 TL Backpulver oder Natron gibt.

Grünkernpaste

- Preiswert
- Braucht etwas Zeit

Für 4 Portionen:

200 g Grünkernschrot (aus dem Reformhaus)
1/2 l Gemüsebrühe
1 Zwiebel
1 Knoblauchzehe
2 EL Butter
einige Blätter frischer Salbei
1 Bund Petersilie
2 EL Crème fraîche
1/2 TL getrockneter Majoran
Salz · Pfeffer

Zubereitungszeit: 1 Std.

Pro Portion ca.: 1010 kJ/240 kcal
6 g EW/8 g F/36 g KH

1 Den Grünkernschrot mit der Gemüsebrühe zum Kochen bringen und bei schwacher Hitze zugedeckt 15 Min. köcheln lassen. Den Topf vom Herd nehmen und den Grünkern zugedeckt 20 Min. ausquellen lassen. Anschließend in ein feines Sieb geben und auskühlen lassen.

2 Zwiebel und Knoblauch schälen und fein hacken. Die Butter erhitzen, Zwiebel und Knoblauch darin glasig dünsten, danach auskühlen lassen. Salbei und Petersilie waschen. Die Blätter fein hacken.

3 Den ausgekühlten Grünkern mit der Crème fraîche verrühren. Zwiebel, Knoblauch, Salbei, Petersilie und Majoran hinzufügen.

4 Den Aufstrich mit Salz und Pfeffer abschmecken und zu Vollkornbrot servieren. Kühl aufbewahrt ist er bis zu 3 Tagen haltbar.

VARIANTEN

Statt mit Grünkern schmeckt der Aufstrich auch mit Weizen- oder Buchweizenschrot. Auch Hirse kann man verwenden, doch sollte man den Aufstrich dann im Mixer fein pürieren.

Auberginenkaviar

- Raffiniert
- Braucht etwas Zeit

Für 4 Portionen:

2 Auberginen (etwa 500 g)
250 g Sahne
Salz · Pfeffer
1 Knoblauchzehe
1 Bund Petersilie

Zubereitungszeit: 1 Std.

Pro Portion ca.: 905 kJ/215 kcal
3 g EW/20 g F/6 g KH

1 Die Auberginen waschen, von den Stielansätzen befreien und in kleine Würfel schneiden. Mit der Sahne in einen Topf geben und zum Kochen bringen. Bei schwacher Hitze in 30 Min. dick einkochen lassen. Dabei immer wieder umrühren.

2 Die Auberginenmasse pürieren und auskühlen lassen. Mit Salz und Pfeffer würzen. Den Knoblauch schälen und durch die Presse dazudrücken.

3 Die Petersilie waschen und fein hacken. Den Aufstrich mit der Petersilie bestreuen. Servieren Sie frisches Weißbrot dazu.

TIP!

Verwenden Sie nur reife Auberginen, deren Schale auf Daumendruck leicht nachgibt. Sonst lassen Sie das Gemüse bei Zimmertemperatur nachreifen, da unreife Auberginen giftiges Solanin enthalten.

Linsencreme

- Preiswert
- Braucht etwas Zeit

Für 4 Portionen:

250 g rote Linsen
2 Gewürznelken
1 Zweig Thymian
1 kleine Zwiebel
1 Knoblauchzehe
2 EL Pflanzenöl
1 EL Zitronensaft
1/2 TL gemahlener Piment
Salz
1 Bund Petersilie

Zubereitungszeit: ca. 1 1/2 Std.

Pro Portion ca.: 1200 kJ/290 kcal
15 g EW/11 g F/34 g KH

1 Die Linsen waschen und mit den Gewürznelken, dem Thymian und etwa 1 l Wasser in einen Topf geben. Das Wasser zum Kochen bringen und die Linsen bei mittlerer Hitze zugedeckt in 1/4 Std. weich kochen.

2 Die Linsen abgießen, Nelken und Thymian entfernen. Die Linsen entweder durch ein Sieb streichen oder portionsweise im Mixer pürieren, danach auskühlen lassen.

3 Die Zwiebel und den Knoblauch schälen und fein hacken. Das Öl erhitzen, Zwiebel und Knoblauch darin glasig dünsten, etwas auskühlen lassen und unter das Linsenpüree rühren.

4 Den Aufstrich mit Zitronensaft, Piment und Salz würzen. Die Petersilie waschen. Die Blättchen fein hacken und darüber streuen.
Dazu paßt am besten Vollkornbrot.

VARIANTE

Nehmen Sie anstelle der Linsen Kichererbsen. Gewürznelken und Thymian ersetzen Sie durch 1 Lorbeerblatt und 1 Zweig frisches Bohnenkraut. Die Kichererbsen brauchen ungefähr 1 1/2 Std., bis sie weich sind. Unter den fertigen Aufstrich 2 EL Sesampaste (Tahin) aus dem Reformhaus rühren.

TIPS!

Kleine Gewürze, die nach dem Kochen entfernt werden sollen, am besten in ein Tee-Ei oder kleines Mullsäckchen geben. So lassen sich beispielsweise Gewürznelken problemlos wieder herausnehmen. Kühl aufbewahrt ist die Linsencreme bis zu 3 Tagen haltbar. Die Petersilie aber erst unmittelbar vor dem Servieren hinzufügen.

Knoblauchpaste

● Braucht etwas Zeit
● Gut vorzubereiten

Für 8 Portionen:

400 g Knoblauch
2 EL Butter
Salz · Pfeffer

Zubereitungszeit: 1 1/2 Std.
Pro Portion ca.: 310 kJ/75 kcal
3 g EW/2 g F/13 g KH

1 Den Backofen auf 200° vorheizen. Die Knoblauchzehen voneinander lösen und in eine feuerfeste Form geben. Den Knoblauch im Backofen (Mitte, Umluft 180°) in 1 Std. sehr weich backen.

2 Die Knoblauchzehen schälen und im Mixer oder mit dem Pürierstab fein zermusen. Die Butter unterrühren.

3 Den Aufstrich mit Salz und Pfeffer abschmecken. Die Knoblauchpaste schmeckt gut zu Weißbrot, paßt aber auch zu Grillgerichten. Sie ist im Kühlschrank bis zu 1 Woche haltbar.

Im Bild oben: Auberginenkaviar
Im Bild Mitte: Knoblauchpaste
Im Bild unten: Linsencreme

Eier-Tomaten-Aufstrich

- Gelingt leicht
- Schnell

Für 4 Portionen:

4 Eier
1 mittelgroße Zwiebel
2 EL Crème fraîche
2 kleine Tomaten (etwa 150 g)
Salz · Pfeffer
1 Bund Petersilie

Zubereitungszeit: 15 Min.

Pro Portion ca.: 515 kJ/125 kcal 8 g EW/9 g F/3 g KH

1 Die Eier in 10 Min. hart kochen, danach kalt abschrecken, schälen und fein hacken.

2 Die Zwiebel schälen, fein hacken und hinzufügen. Die Crème fraîche unterrühren. Die Tomaten waschen, schälen, vom Stielansatz befreien, in sehr kleine Würfel schneiden und untermengen.

3 Den Aufstrich mit Salz und Pfeffer abschmecken. Die Petersilie waschen, fein hacken und unterrühren oder darüber streuen. Schmeckt gut zu Vollkornbrot oder als Belag für Tramezzini.

TIPS!

Der Aufstrich schmeckt am besten mit geschälten Tomaten. Dafür die Tomaten kurze Zeit in kochendes Wasser legen, dann mit kaltem Wasser abschrecken. Jetzt läßt sich die Haut mit einem scharfen Messer mühelos entfernen.
Gesprungene Eier laufen beim Kochen nicht aus, wenn man sie fest in Alufolie einwickelt.

Rotkrautaufstrich mit Rotwein

- Braucht etwas Zeit
- Für Gäste

Für 8 Portionen:

1/2 kg Rotkraut (Rotkohl)
Salz · Pfeffer
1 EL Zitronensaft
2 Gewürznelken
2 EL Butter
1 EL Zucker
1/8 l Rotwein
250 g Sahne
2 EL fein gehackte Walnüsse

Zubereitungszeit: 1 1/2 Std.

Pro Portion ca.: 660 kJ/160 kcal
2 g EW/14 g F/5 g KH

1 Das Rotkraut von den unansehnlichen äußeren Blättern und vom Strunk befreien. Das Kraut waschen, dann fein hobeln oder schneiden, salzen und pfeffern. Zitronensaft und Nelken hinzufügen und das Kraut 20 Min. ruhen lassen.

2 Die Butter erhitzen, den Zucker darin karamelisieren lassen und mit dem Rotwein ablöschen.

3 Das Kraut hineingeben und bei mittlerer Hitze zugedeckt 15 Min. dünsten, dabei häufig umrühren.

4 Die Sahne dazugießen und das Kraut bei mittlerer Hitze offen in weiteren 15 Min. dick einkochen lassen. Die Nelken entfernen und das Kraut auskühlen lassen.

5 Die Walnüsse bis auf einen kleinen Rest unterrühren. Den Aufstrich mit Salz und Pfeffer abschmecken, mit den restlichen Walnüssen bestreuen und zu Baguette servieren.

TIP!

Schneller geht's mit Rotkraut aus der Dose oder dem Glas. Das Rotkraut abtropfen lassen, leicht ausdrücken und mit 2 EL Crème fraîche verrühren. Die Walnüsse unterrühren und den Aufstrich mit Salz und Pfeffer abschmecken.

Bohnenpaste

- Preiswert
- Braucht etwas Zeit

Für 4 Portionen:

250 g getrocknete rote Bohnenkerne
1 Zwiebel
1 Knoblauchzehe
2 EL Pflanzenöl
1 frische rote Chilischote
1 EL Zitronensaft
Salz · Pfeffer
1 Bund Petersilie

Einweichzeit: 8 Std.
Zubereitungszeit: 2 Std.

Pro Portion ca.: 1200 kJ/290 kcal
14 g EW/11 g F/32 g KH

1 Die Bohnen in einem Sieb kalt abbrausen. Danach in 1 l Wasser mindestens 8 Std., am besten über Nacht, einweichen.

2 Am nächsten Tag die Bohnen in dem Einweichwasser bei mittlerer Hitze zugedeckt in 1 1/2 Std. weich kochen.

3 Zwiebel und Knoblauch schälen und fein hacken. Das Öl in einer Pfanne erhitzen, Zwiebel und Knoblauch darin glasig dünsten und beiseite stellen.

4 Die Chilischote längs halbieren, von Stielansatz und Kernen befreien und fein hacken.

5 Die gekochten Bohnen abgießen, portionsweise im Mixer pürieren und auskühlen lassen.

6 Zwiebel, Knoblauch und Chilischote unterrühren. Den Aufstrich mit Zitronensaft, Salz und Pfeffer abschmecken. Die Petersilie waschen, fein hacken und darüber streuen.

7 Die Bohnenpaste paßt gut zu Fladenbrot oder Weißbrot und ist im Kühlschrank bis zu 3 Tagen haltbar.

VARIANTE

Nehmen Sie weiße Bohnen und kochen Sie diese mit 1 Zweig Bohnenkraut und 1 Zweig Thymian.

TIP!

Wenn es schneller gehen soll, verwenden Sie Bohnen aus der Dose.

Avocadoaufstrich

- Raffiniert
- Schnell

Für 4 Portionen:

2 reife Avocados
1 TL Zitronensaft
1 kleine Zwiebel
1 Bund Petersilie
1 Knoblauchzehe
Salz · Pfeffer

Zubereitungszeit: 15 Min.

Pro Portion ca.: 595 kJ/140 kcal
2 g EW/13 g F/8 g KH

1 Die Avocados halbieren und entsteinen. Das Fruchtfleisch mit einem Löffel aus der Schale lösen, mit einer Gabel zerdrücken und mit dem Zitronensaft beträufeln.

2 Die Zwiebel schälen, fein hacken und hinzufügen. Die Petersilie waschen, fein hacken und unterrühren. Den Knoblauch schälen und durch die Presse dazudrücken.

3 Den Aufstrich mit Salz und Pfeffer abschmecken und zu Weißbrot servieren.

VARIANTEN

Den Aufstrich kann man vielfältig abwandeln. Sie können zum Beispiel eine kleingewürfelte Tomate oder 50 g Doppelrahm-Frischkäse unterrühren. Wenn Sie es schärfer mögen, können Sie zusätzlich eine feingehackte Chilischote untermengen.

TIP!

Am aromatischsten schmecken die kleinen Avocados mit dunkler, runzeliger Schale.

Im Bild oben: Bohnenpaste
Im Bild unten: Avocadoaufstrich

Erdäpfelkas

- Preiswert
- Klassiker

Für 4 Portionen:

250 g mehligkochende Kartoffeln
80 g weiche Butter
4 EL saure Sahne
1 Zwiebel
2 Knoblauchzehen
1 Prise Muskatnuß, frisch gerieben
1 Prise gemahlener Kümmel
Salz · Pfeffer
nach Belieben frische Kräuter zum Garnieren

Zubereitungszeit: 45 Min.
Ruhezeit: 3 Std.

Pro Portion ca.: 860 kJ/205 kcal
2 g EW/17 g F/10 g KH

1 Die Kartoffeln waschen und mit der Schale in wenig Wasser zugedeckt 25 Min. garen. Die fertigen Kartoffeln abgießen, kalt abschrecken, noch möglichst heiß schälen und durch die Kartoffelpresse oder ein Sieb in eine Schüssel drücken. Danach auf Zimmertemperatur abkühlen lassen.

2 Die Butter mit der sauren Sahne verrühren. Die Zwiebel und den Knoblauch schälen, fein hacken und hinzufügen. Die Kartoffeln untermischen.

3 Den Aufstrich mit Muskat, Kümmel, Salz und Pfeffer abschmecken und mindestens 3 Std. an einem kühlen Ort, aber nicht im Kühlschrank, durchziehen lassen. Zum Servieren nach Belieben mit Kräutern garnieren. Schmeckt besonders gut zu deftigem Bauernbrot.

VARIANTEN

50 g mageren gekochten Schinken oder 1 hartgekochtes Ei in sehr kleine Würfel schneiden und untermengen. Oder Sie nehmen zur Abwechslung 50 g gehackte Sprossen, zum Beispiel Alfalfa- oder Senfsprossen.

Pilzaufstrich

- Gelingt leicht
- Schnell

Für 4 Portionen:

300 g frische Pilze (z. B. Champignons, Egerlinge oder Austernpilze)
1 EL Zitronensaft
30 g Butter
1 kleine Zwiebel
2 EL saure Sahne
Salz · Pfeffer
1 Bund Petersilie

Zubereitungszeit: 20 Min.

Pro Portion ca.: 325 kJ/80 kcal
2 g EW/7 g F/2 g KH

1 Die Pilze putzen, wenn nötig kurz abbrausen und trockentupfen, große Pilze halbieren, dann in feine Scheiben schneiden. Einige Pilzscheiben zum Garnieren beiseite stellen. Mit Zitronensaft beträufeln.

2 Die Butter erhitzen. Die Pilze darin bei starker Hitze unter ständigem Rühren 5–7 Min. braten, bis der entstandene Saft wieder verdampft ist. Danach auskühlen lassen.

3 Die Zwiebel schälen und fein würfeln. Die Pilze fein hacken und die saure Sahne unterrühren. Die Zwiebel hinzufügen.

4 Den Aufstrich mit Salz und Pfeffer würzen. Die Petersilie waschen, die Blättchen fein hacken und darüber streuen. Dieser Aufstrich paßt besonders gut zu Toastbrot.

TIP!

Pilze nur ganz kurz unter fließendem Wasser abspülen. Sie saugen zuviel Feuchtigkeit auf, wenn man sie im Wasser liegen läßt und schmecken dann fad und wässerig.

Süßes aufs Brot

Es muß nicht immer Marmelade sein. Auch Aufstriche mit Obst und Quark oder Butter sind eine schmackhafte Alternative – nicht nur fürs Frühstücksbrot.

Süße Quarkmischungen

Hier einige Vorschläge für ganz schnell zubereitete süße Quarkmischungen, die Abwechslung in das Frühstückseinerlei bringen und großen und kleinen Süßschnäbeln schmecken.

Für 4 Portionen 250 g Quark mit folgenden Zutaten verrühren:

- 150 g kleingeschnittenen reifen Aprikosen und 2 EL Zucker.
- 1 kleingewürfelten Orange und 2 EL Zucker.
- 10 g kandierten Ingwerwurzeln und 2 EL flüssigem Honig.
- 1 süßen feingeraspelten Apfel, 1 TL Zitronensaft, 1 Prise Zimt und 1 EL Zucker.
- 1 reifen zerdrückten Banane, 1 Prise Zimt und 1 EL Zucker.
- 100 g Beeren (zum Beispiel Erdbeeren, Himbeeren oder Johannisbeeren) und 2 EL Zucker.
- 100 g Rosinen, 1 EL Zitronensaft, 1 EL flüssigem Honig und 1 Prise Zimt.

Aus frischen Früchten der Saison lassen sich schmackhafte und gesunde Brotaufstriche herstellen.

Süße Buttermischungen

Die süßen Buttermischungen machen wenig Arbeit, lassen sich gut vorbereiten und schmekken nicht nur zum Frühstück. Anstelle von Zucker können Sie auch Honig nehmen, wobei 80 g Zucker etwa 100 g Honig entsprechen, das heißt, daß Sie ein Viertel mehr Honig für den gleichen Süßegrad benötigen. Wenn Sie Kalorien sparen möchten, können Sie statt Zucker flüssigen Süßstoff verwenden. Für Kinder ist Süßstoff aber nicht geeignet.
Für 4 Portionen 125 g weiche Butter mit einer der folgenden Kombinationen verrühren.

- 1 EL Orangensaft, 1 EL Zucker und abgeriebener Schale von 1/2 unbehandelten Orange.
- 1 EL Zitronensaft, abgeriebener Schale von 1 unbehandelten Zitrone, 2 EL Zucker und 1 Prise Ingwerpulver.
- 1 TL Zimt und 1 EL Honig.
- 1 EL kleingeschnittenen Rosinen und 1 EL Honig.
- 2 EL Kokosraspeln und 1 EL Honig.
- 2 EL feingeraspelten Möhren und 1 EL Honig.

Das Auge ißt mit

Wichtig ist, daß die Garnierung größen- und mengenmäßig sowie farblich und geschmacklich zum Aufstrich paßt und ihn ergänzt.
Am einfachsten ist es, Gewürze, wie beispielsweise edelsüßes Paprikapulver, Currypulver oder grobgemahlenen Pfeffer, über die bestrichenen Brote zu streuen. Passen Sie dabei aber auf, daß Sie den Aufstrich nicht der optischen Wirkung wegen zu stark würzen.
Frische Kräuter passen als kleine Sträußchen, Blättchen oder feingehackt zu allen pikanten Brotaufstrichen. Gut eignen sich Schnittlauch, Petersilie, Dill, Basilikum, Estragon, Kerbel, Salbei und Zitronenmelisse.
Gewaschene Sprossen (zum Beispiel Alfalfa-, Sojabohnen- oder Rettichsprossen) bilden eine würzige und vitaminreiche Garnierung.
Die eßbaren Blüten von Thymian, Schnittlauch, Salbei, Borretsch, Oregano, Gänseblümchen und natürlich Kapuzinerkresse sind farbenprächtige Dekorationen, die immer beliebter werden. Ideal wäre es, wenn Sie die Blüten selber auf dem Fensterbrett, Balkon oder im Garten ziehen könnten, da gekaufte Blüten meistens chemisch behandelt sind und auch Blumen von Feldern und Wiesen durch Düngung und Straßenverkehr belastet sind.
Zwiebel- oder Paprikaschotenringe ergeben eine hübsche, pikante Garnitur. Bunte Zwiebelringe erhalten Sie, wenn Sie die Ringe in Paprikapulver, Currypulver oder gehackten Kräutern wälzen. Frische Radieschen, Tomaten-, Gurken- oder Möhrenscheiben sind eine schnelle und farbenfrohe Garnierung. Oliven, Kapern, Gewürzgurken, Champignons, Weintrauben und selbstverständlich Scheiben von hartgekochten Eiern eignen sich besonders gut zum Verzieren.
Geriebenen Käse, Sonnenblumenkerne, Sesam, Mohn und Nüsse – gemahlen, grob oder fein gehackt – kann man über den fertigen Belag streuen.

Eine schöne Garnierung ist das Tüpfelchen auf dem i Ihrer raffinierten Brotaufstriche.

Möhrenbutter

- Gut vorzubereiten
- Schnell

Für 4 Portionen:

50 g Mandeln
50 g weiche Butter
1 EL flüssiger Honig
1 EL Zitronensaft
1 Prise gemahlener Ingwer
100 g junge Möhren

Zubereitungszeit: 15 Min.

Pro Portion ca.: 870 kJ/210 kcal
6 g EW/20 g F/4 g KH

1 Die Mandeln kurz mit kochendem Wasser überbrühen, danach kalt abschrecken, von den braunen Häuten befreien und fein mahlen.

2 Die Butter mit den Mandeln, dem Honig, dem Zitronensaft und dem Ingwerpulver in einer Schüssel verrühren.

3 Die Möhren gründlich waschen, mit einer harten Bürste abschrubben, fein raspeln und gut mit der Buttermasse vermengen.

4 Der Aufstrich paßt besonders gut zu Weizenkeim- oder Grahambrötchen und ist im Kühlschrank bis zu 1 Woche haltbar.

Powidl mit Rum

- Klassiker
- Braucht etwas Zeit

Das Zwetschgenmus schmeckt nicht nur als Brotaufstrich, sondern ist auch für die Zubereitung von österreichischen Mehlspeisen wie etwa Powidltascherln unentbehrlich.

Für 4 Gläser à ca. 400 ml:

3,5 kg reife Zwetschgen
2 unbehandelte Zitronen
1 EL gemahlener Piment
2 EL Rum

Zubereitungszeit: 4 Std.

Pro Glas ca.: 1680 kJ/400 kcal
5 g EW/1 g F/94 g KH

1 Die Zwetschgen waschen, trockentupfen, längs halbieren und entsteinen.

2 Die Zwetschgen in einem großen Topf bei mittlerer Hitze unter häufigem Rühren im eigenen Saft in 1 Std. weich kochen.

3 Ein Metallsieb über eine Schüssel hängen. Die Zwetschgen darin portionsweise mit einem Stampfer ausdrücken, so daß nur die Schalen zurückbleiben.

4 Das Mus wieder in den Topf geben. Die Zitronen heiß waschen, abreiben und auspressen. Abgeriebene Schale, Zitronensaft und Piment zum Mus geben. Das Zwetschgenmus bei schwacher Hitze in 2 Std. einkochen lassen. Dabei häufig umrühren, da es sehr leicht anbrennt.

5 Den Powidl mit Rum abschmecken. Noch heiß in Einmachgläser oder Steinguttöpfchen füllen und verschließen. Powidl ist kühl und dunkel aufbewahrt bis zu 6 Monate haltbar.

TIPS!

Wichtig für das Gelingen ist, daß die Früchte richtig reif sind. Früh geerntete Zwetschgen schmecken zwar roh auch süß, enthalten aber zuviel Fruchtsäure. Wenn Sie wenig Zeit haben, können Sie die ersten zwei Schritte an einem Tag erledigen und erst am nächsten Tag das Zwetschgenmus fertig einkochen. Je dicker der Powidl eingekocht ist, umso länger hält er. Sie können ihn vor Verwendung zum Aufweichen mit etwas heißem Wasser verrühren.

Johannisbeeraufstrich

- Für Gäste
- Gut vorzubereiten

Für 4 Portionen:

250 g rote Johannisbeeren
100 g Zucker

Zubereitungszeit: 20 Min.

Pro Portion ca.: 485 kJ/115 kcal
1 g EW/1 g F/27 g KH

1 Die Johannisbeeren waschen. Die Beeren mit einer Gabel von den Rispen streifen.

2 Die Beeren durch ein grobmaschiges Sieb streichen. Das Beerenmark mit dem Zucker in einen Mixer geben.

3 Den Mixer auf höchster Stufe etwa 10 Min. schlagen lassen, bis der Aufstrich zu gelieren beginnt.

4 Den Fruchtaufstrich in kleine Gläser füllen. Er ist im Kühlschrank gut verschlossen bis zu 2 Wochen haltbar.

Im Bild oben: Powidl mit Rum
Im Bild Mitte: Johannisbeeraufstrich
Im Bild unten: Möhrenbutter

Preiselbeer-butter

- Gut vorzubereiten
- Schnell

Frische Preiselbeeren sind für diesen Aufstrich nicht geeignet.
Wenn Sie frische Beeren nehmen wollen, müssen Sie sie erst mit Zucker weich kochen.

Für 4 Portionen:

100 g weiche Butter
1 EL Honig
50 g eingelegte Preiselbeeren
2 EL geschälte Mandeln

Zubereitungszeit: 10 Min.

Pro Portion ca.: 990 kJ/240 kcal
1 g EW/23 g F/7 g KH

1 Die Butter mit dem Honig und den Preiselbeeren glatt rühren.

2 Die Mandeln fein hacken und unterrühren. Der Aufstrich paßt besonders gut zu frischen Brötchen und ist im Kühlschrank bis zu 1 Woche haltbar.

VARIANTE

Statt Preiselbeeren können Sie auch feingehackte oder im Mixer zerkleinerte Rosinen nehmen.

Kürbiskern-aufstrich

- Raffiniert
- Gut vorzubereiten

Für 4 Portionen:

75 g geschälte Kürbiskerne
75 g weiche Butter
3 EL Puderzucker
1 TL Zitronensaft

Zubereitungszeit: 15 Min.

Pro Portion ca.: 1105 kJ/265 kcal
6 g EW/23 g F/9 g KH

1 Die Kürbiskerne in einer trockenen Pfanne unter häufigem Rütteln kurz rösten. Etwas abkühlen lassen und im Mörser zerstoßen oder im Mixer zerkleinern.

2 Die Butter mit Zucker und Zitronensaft verrühren. Die Kürbiskerne unterrühren.

3 Der Aufstrich paßt ausgezeichnet zu Brötchen oder Weißbrot und ist im Kühlschrank etwa 1 Woche haltbar.

TIP!

Werden nur einige Tropfen Zitronensaft benötigt, können Sie die Zitrone mit einer Gabel an der schmalen Seite einstechen und den Saft herauspressen.

Dattelcreme

● Gut vorzubereiten
● Schnell

Für 4 Portionen:

250 g getrocknete Datteln
4 EL Sahne
80 g geschälte feingemahlene Mandeln
1 Prise Zimt

Zubereitungszeit: 10 Min.

Pro Portion ca.: 1200 kJ/290 kcal
5 g EW/13 g F/37 g KH

1 Die Datteln entsteinen und mit dem Pürierstab oder im Mixer fein zerkleinern.

2 Die Sahne und die Mandeln unterrühren. Die Dattelcreme mit Zimt abschmecken und am besten zu Weißbrot servieren.

3 Im Kühlschrank aufbewahrt ist die Dattelcreme etwa 2 Tage haltbar.

VARIANTEN

Statt Mandeln können Sie natürlich auch andere Nüsse verwenden. Oder Sie rösten 80 g feine Haferflocken in 2 EL Butter goldbraun.

Erdbeerbutter

● Gut vorzubereiten
● Schnell

Für 4 Portionen:

60 g weiche Butter
1 EL flüssiger Honig
1 EL Zitronensaft
1 Prise Pfeffer
100 g Erdbeeren

Zubereitungszeit: 10 Min.

Pro Portion ca.: 575 kJ/140 kcal
0 g EW/13 g F/6 g KH

1 Die Butter mit Honig, Zitronensaft und Pfeffer verrühren.

2 Die Erdbeeren waschen, durch ein Sieb streichen und unterrühren.

3 Die Erdbeerbutter schmeckt besonders gut zu frischen Brötchen.

4 Im Kühlschrank ist die Erdbeerbutter etwa 1 Woche haltbar.

VARIANTE

Statt Erdbeeren eignen sich auch Himbeeren, Brombeeren, Heidelbeeren oder Johannisbeeren. Dann den Pfeffer weglassen und bei Verwendung von Johannisbeeren etwas mehr Honig nehmen.

TIP!

Erdbeeren immer erst waschen und dann den grünen Blütensatz entfernen, da sie sonst zuviel Saft verlieren.

Apfelbutter

- Braucht etwas Zeit
- Gut vorzubereiten

Apfelbutter ist auch unter dem Namen Apfelkraut bekannt.

Für 4 Gläser à ca. 250 ml:

5 kg Äpfel (zum Beispiel Fallobst oder preiswerte Äpfel vom Markt)

Zubereitungszeit: 4 Std.

Pro Glas ca.: 2565 kJ/615 kcal
3 g EW/3 g F/159 g KH

1 Die Äpfel waschen und ungeschält achteln, dabei von den Stielansätzen und Kerngehäusen befreien. Faul- und Druckstellen großzügig wegschneiden.

2 Die Apfelstücke in einem großen Topf in sehr wenig Wasser bei mittlerer Hitze unter häufigem Rühren 2 Std. kochen, bis sie zu Mus zerfallen.

3 Ein großes Haarsieb mit einem Mulltuch auskleiden. Das Apfelmus portionsweise hineingeben und den Saft in eine Schüssel ablaufen lassen. Die Rückstände sehr vorsichtig ausdrücken, damit der Saft nicht trüb wird.

4 Den gewonnenen Apfelsaft in einem weiten Topf bei mittlerer Hitze unter häufigem Rühren 40 Min. einkochen lassen, bis der Aufstrich goldgelb und zähflüssig wie Honig geworden ist.

5 Die Apfelbutter noch heiß in kleine Gläser abfüllen. Kühl und dunkel aufbewahrt ist sie einige Monate haltbar.

VARIANTE

Falls Sie Quitten zur Verfügung haben, können Sie 1 kg Äpfel durch Quitten ersetzen. Sie verleihen der Apfelbutter ein besonders feines Aroma.
Statt Äpfeln können Sie auch Trauben oder Birnen oder je zur Hälfte Birnen und Birnenschalen verwenden. Birnen haben weniger Eigengeschmack, daher sollten Sie die Birnenstücke statt in Wasser in 1 l ungesüßtem Apfelsaft kochen und mit 1 TL Piment, 1/2 TL Zimt und 2 EL Zitronensaft würzen.

TIP!

Falls die Apfelbutter zu stark eingedickt ist, können Sie sie vor Gebrauch mit etwas heißem Apfelsaft wieder streichfähig machen.

Lemon Curd

- Klassiker
- Gut vorzubereiten

Die feine Zitronencreme aus England ist auch unter dem Namen Lemon Cheese bekannt.

Für 8 Portionen:

2 unbehandelte Zitronen
2 Eier
60 g Butter
200 g Zucker

Zubereitungszeit: 25 Min.

Pro Portion ca.: 765 kJ/185 kcal
2 g EW/8 g F/28 g KH

1 Die Zitronen heiß waschen und trockentupfen. Die Schalen abreiben und die Zitronen auspressen.

2 Die Eier in einem Topf verquirlen. Die Zitronenschale, den Zitronensaft, die Butter und den Zucker dazurühren.

3 Den Topf in ein heißes Wasserbad stellen. Die Eiermasse bei schwacher Hitze 15 Min. rühren, bis sie dickflüssig geworden ist. Den Topf aus dem Wasserbad nehmen. Die Creme etwas abkühlen lassen und dann durch ein Sieb streichen.

4 Der Aufstrich schmeckt gut zu gebutterten Brötchen oder Toast.

5 Lemon Curd ist im Kühlschrank 1 Woche haltbar.

VARIANTE

Sie können die Zitronen durch Orangen oder Limetten ersetzen. Wenn Sie Orangen nehmen, benötigen Sie nur etwa 150 g Zucker.

TIP!

Von den Zitronen nur das Gelbe der Schale abreiben, die weiße Haut schmeckt bitter.

Im Bild links: Lemon Curd
Im Bild rechts: Apfelbutter

Kastanienaufstrich

● Gelingt leicht
● Braucht etwas Zeit

Für 4 Portionen:

300 g Eßkastanien (Maronen)
Salz
2 EL weiche Butter
2 EL Puderzucker
1 Päckchen Vanillinzucker
1 EL Zitronensaft

Zubereitungszeit: 1 Std.

Pro Portion ca.: 700 kJ/165 kcal 2 g EW/4 g F/31 g KH

1 Die Kastanien waschen und an den spitzen Enden mit einem scharfen Messer kreuzweise einschneiden. Die Kastanien in ganz leicht gesalzenem Wasser in 40 Min. weich kochen.

2 Kastanien abgießen und noch warm von den Schalen und den braunen Innenhäuten befreien.

3 Die Kastanien im Mixer pürieren und danach auskühlen lassen. Butter, Zucker, Vanillinzucker und Zitronensaft unterrühren.

4 Der Aufstrich schmeckt hervorragend zu Vollkornbrötchen und ist im Kühlschrank etwa 1 Woche haltbar.

VARIANTE

Kastanien wie beschrieben vorbereiten, kochen und pürieren. Dann mit 2 EL Crème fraîche, 1 TL Zitronensaft und 1 Prise Pfeffer zu einem pikanten Aufstrich verarbeiten.

TIP!

Sie können diesen Aufstrich auch aus gebratenen Kastanien oder tiefgekühltem Kastanienpüree zubereiten.

Aprikosenpaste

- Gelingt leicht
- Gut vorzubereiten

Für 4 Portionen:

200 g getrocknete ungeschwefelte Aprikosen
1/4 l ungesüßter Apfelsaft
1 Prise gemahlener Piment
1 EL Zitronensaft
1 EL Honig
1 EL ungesalzene feingehackte Pistazien

Zubereitungszeit: 40 Min.

Pro Portion ca.: 770 kJ/180 kcal
3 g EW/0 g F/43 g KH

1 Die Aprikosen in heißem Wasser waschen, danach grob zerhacken. Die Aprikosenstücke mit Apfelsaft und Piment in einen Topf geben und langsam zum Kochen bringen.

2 Die Aprikosen bei schwacher Hitze offen unter häufigem Rühren 20 Min. köcheln lassen, bis die Flüssigkeit fast verdampft ist.

3 Die Aprikosenmasse mit Zitronensaft und Honig im Mixer pürieren und auskühlen lassen.

4 Den Aufstrich mit den Pistazien bestreuen. Er paßt gut zu gebutterten Grahambrötchen und ist im Kühlschrank etwa 1 Woche haltbar.

VARIANTE

Statt Aprikosen können Sie auch andere ungeschwefelte Trockenfrüchte wie beispielsweise Pfirsiche, Apfelringe oder Trockenpflaumen nehmen.

Impressum

Redaktion: Christine Wehling
Lektorat: Claudia Daiber
Layout, Typographie und Umschlaggestaltung: Heinz Kraxenberger
Satz und Herstellung: Sylvia Lingner
Produktion: Helmut Giersberg
Fotos: Reiner Schmitz
Reproduktion: Repro Schmidt, Dornbirn
Druck und Bindung: Kaufmann, Lahr
ISBN 3-7742-1041-1

Auflage	6.	5.	4.	3.
Jahr	2004	2003	2002	2001

Adelheid Beyreder
stammt aus der Steiermark. Heute lebt sie in Wien, wo sie seit vielen Jahren im Buchhandel tätig ist. Neben Beruf und Haushalt machte sie das Abitur und studierte Rechtswissenschaft. Am liebsten widmet sie sich ihren Hobbys, dem Reisen und dem Kochen. Adelheid Beyreder sammelt mit Begeisterung Rezepte und erfindet selbst immer wieder neue Gerichte.

Reiner Schmitz
begann seine berufliche Laufbahn in Düsseldorf und München als Assistent bei verschiedenen Food- und Stillife-Fotografen. 1989 machte er sich als Foto-Designer in diesen Spezialgebieten selbständig. Zu seinen Kunden zählen Industrie, Werbeagenturen und Verlage. Besonderen Wert legt Reiner Schmitz auf stimmungsvolle Aufnahmen, die die natürliche Frische der Lebensmittel wiedergeben. Die Fotos dieses Buches entstanden in enger Zusammenarbeit mit dem Koch und Foodstylisten Rudolf Vornehm.

GASHERD-TEMPERATUREN

Die Temperaturstufen bei Gasherden variieren von Hersteller zu Hersteller. Welche Stufe Ihres Herdes der jeweils angegebenen Temperatur entspricht, entnehmen Sie bitte der Gebrauchsanweisung.

ABKÜRZUNGEN

TL = Teelöffel
EL = Eßlöffel
Msp. = Messerspitze

kJ = Kilojoules
kcal = Kilokalorien
EW = Eiweiß
F = Fett
KH = Kohlenhydrate

Ihr Gräfe und Unzer Verlag
Redaktion Kochen
Postfach 86 03 25
81630 München
Fax: 089/41981-113
e-mail: leserservice@graefe-und-unzer.de